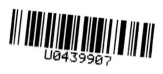

景印香港

新亞研究所

新亞學報

第一至三十卷

第四二冊・索引・圖錄

總策畫　林慶彰　劉楚華

主　編　翟志成

新亞研究所

NEW ASIA INSTITUTE OF ADVANCED CHINESE STUDIES

景印香港新亞研究所《新亞學報》（第一至三十卷）

景印香港新亞研究所《新亞學報》出版序文

《新亞學報》主編　翟志成

一九四九年大陸易幟，絕大多數中國的大知識分子選擇留下來接受中共的統治，但仍然有小部分的大知識分子選擇了流亡海外。驅策著他們流亡的原因，有些是屬於政治的，有些是屬於文化的。國民黨政權在中國大陸的覆滅，對於胡適、李方桂、傅斯年、姚從吾等大知識分子，便等同於「亡國」，他們或追隨國府播遷臺灣，或在北美西歐花果飄零，其原因主要是來自政治方面；但對於錢穆、唐君毅、張丕介、牟宗三、徐復觀等文化保守主義者而言，他們之所以決心流亡海外，是緣於毛澤東在中共立國前夕，宣稱今後要「以俄為師」，一切的政治、經濟和文化方針政策，都要向蘇俄「一邊倒」。易言之，他們之所以逃離大陸，並不為「亡國」，而是為「亡天下」，其原因卻主要是來自文化方面。然則，什麼是「亡國」，什麼又是「亡天下」呢？港、臺文化保守主義者常引用顧炎武的話加以分疏。顧氏的原話是：

> 有亡國，有亡天下，亡國與亡天下奚辨？曰：易姓改號謂之亡國；仁義充塞，而至於率獸食人，人將相食，謂之亡天下。

> 魏晉人之清談，何以亡天下？是孟子所謂楊、墨之言，至於使天下無父無君，而入於禽獸者也。昔者嵇紹之父康被殺於晉文王，至武帝革命之時，而山濤薦之入仕。紹時屏居私門，欲辭不就。濤謂之曰：「為君思之久矣，天地四時猶有消息，而況於人乎？」一時傳誦，以為名言，而不知其敗義傷教，至於率天下而無父者也。……自正始以來，而大義之不明遍於天下。如山濤者，既為邪說之魁，遂使嵇紹之賢且犯天下之不韙而不顧。夫邪正之說不容兩立，使謂紹為忠，則必謂王裒為不忠而後可也，何怪其相率臣於劉聰、石勒，觀其故主青衣行酒，而不以動其心者乎？是故知保天下，然後知保其國。保國者，其君其臣，肉食者謀之；保天下者，匹夫之賤與有責焉耳矣。[1]

依照顧炎武的定義，「亡國」只不過是「易姓改號」，和沒有當過官（「肉食者」）的普通老百姓（「匹夫」）幾乎沒有什麼關係。港、臺文化保守主義的代表人物除了徐復觀之外，都未曾在國民黨政府任職，而徐氏也在大陸易幟前已從政壇急流勇退。如果純從國共黨爭的角度，港、臺文化保守主義者大都是

1 〔清〕顧炎武著，〔清〕黃汝成集釋，秦克誠點校，《日知錄集釋》（長沙：嶽麓書社，一九九四），卷十三，頁四七一。

些「匹夫」，他們對大陸的「易姓改號」既不必負責，也無需介懷。但港、臺文化保守主義者把顧炎武的話一再加以引申發揮，把「天下」定義為中國的歷史文化，以及由此一歷史文化所規定的道德和思想制度，而「新中國」立國後罷黜百家，獨尊馬、列，把中國歷史文化當成必須徹底批判和揚棄的封建糟粕，看在錢穆、唐君毅等人眼中，便等同於「敗義傷教」，「仁義充塞，而至於率獸食人，人將相食」的「亡天下」。中共立國才剛過一年，在九龍桂林街新亞書院的一間陋室中，唐君毅一邊奮筆為自己的新書《中國文化之精神價值》撰寫〈自序〉，一邊流淚：

> 吾之此書，成於顛沛流離之際，……身居鬧市，長聞車馬之聲，亦不得從容構思，唯瞻望故邦，吾祖先之不肖子孫，正視吾數千年之文化留至今者，為封建之殘餘，不惜加以蠲棄。懷昔賢之遺澤，將毀棄於一旦，時或蒼茫望天，臨風隕涕。乃勉自發憤，時作時輟，八月乃成。[2]

差不多同一時候，在新亞書院的另一間陋室中，錢穆的新書《莊子纂箋》也終於完稿。北京和天津六千多位大學教師被中共集中起來加以思想改造，人人競相「坦白」的消息傳來，讓錢氏

2 唐君毅，〈自序〉，《中國文化之精神價值》，收入氏著，《唐君毅全集》（臺北：臺灣學生書局，一九九一），卷四，頁六～七。

充滿了「天喪斯文」的沉痛和「亡天下」的存在感悟。他在該書的〈序目〉中寫道：

> 報載平、津大學教授，方集中思想改造，競坦白者踰六千人，不禁為之廢書擲筆而歎。念蒙叟復生，亦將何以自處？作逍遙之遊乎，則何逃於隨羣蝨而處褌？齊物論之芒乎，則何逃於必一馬之是期？將養其生主乎，則游刃而無地。將處於人間乎，則散木而且翦。儵忽無情，混沌必鑿。德符雖充，桎梏難解。計惟鼠肝蟲臂，唯命之從。曾是以為人之宗師乎！又烏得求曳尾於塗中？又烏得觀魚樂於濠上？天地雖大，將不容此一人，而何有乎所謂與天地精神相往來？……此六千教授之坦白，一言蔽之，無亦曰墨翟是而楊朱非則已。……天不喪斯文，後有讀者，當知其用心之苦，實甚於考亭之釋〈離騷〉也。[3]

本來，對於大陸知識分子在中共思想改造的網罟中集體的自輕、自賤、自誣、自污，以及隨後的互相揭發、互相批判和互相攻訐，兔死狐悲物傷其類之感，早已讓錢穆、唐君毅等人悲憤填膺。而中共所組織的各種鬥爭大會和公審大會中，常有兄弟、

3 錢穆，〈莊子纂箋・序目〉，《墨子・惠施公孫龍・莊子纂箋》，收入氏著，《錢賓四先生全集》（臺北：聯經出版事業公司，一九九四），冊六，頁十三～十四。

夫婦、父母和子女之間的互鬥、互咬，甚至互打和互殺的人倫慘變，更令以「親親」之「仁」為最高價值的錢穆、唐君毅等人忍無可忍。胡適本是他們最憎惡的人物之一，但當看到胡適的小兒子胡思杜在報刊上撰寫〈對我的父親——胡適的批判〉一文，公開斥責乃父為「美帝走狗及人民公敵」，並表示要胡適「劃清界線，斷絕往來」，他們不僅沒有一絲一毫的幸災樂禍，反而因思杜以子斥父，期期以為不可，唐君毅甚至投書報紙，提出嚴厲的譴責和抗議。[4]

由胡適之子的公開斥父，標誌著顧炎武所謂「大義之不明遍於天下」，致使國人「敗義傷教，至於率天下而無父」，「而入於禽獸」的「亡天下」要件，在「新中國」業已全部兌現。對錢穆、唐君毅等人而言，他們的「天下」在中國大陸真的已經滅亡了。既然「天下」已經「亡」了，而「保天下」又是每個中國人所應肩負的神聖責任，錢穆、唐君毅、張丕介、牟宗三、徐復觀等流亡在港、臺的「文化遺民」，都自覺地把自己視作中國文化的載體，把自己的流亡視作中國文化薪火在海外的續絕存亡，把

4 一九五〇年九月二十五日唐君毅在他的《日記》中寫道：「胡適之之子發表攻擊其父文，竟以父子之情為惡毒之感情。今日上午作一文斥之，約三千五百字」。唐君毅，《日記（上）》，收入氏著，《唐君毅全集》（臺北：臺灣學生書局，一九九一），卷二十七，頁七十。

自己創辦新亞書院，以及創辦《民主評論》與《新亞學報》的講學與著述，視為「救亡」或「救天下」的重要工作。

然則，「大義」為何會「不明」？「仁義」為何會「充塞」？「教」為何會「傷」？「義」又為何會「敗」？因而使得「天下」不得不「亡」？錢穆、唐君毅、牟宗三、徐復觀等「文化遺民」痛定思痛，深刻地不斷加以反思。他們認為：是緣於胡適、陳獨秀、魯迅等人所領導的「五四」運動，從根本上摧破了中國的歷史文化及其道德和思想制度。然則，中國的歷史文化，真如胡適、陳獨秀、魯迅等人所言，業已成為「救亡圖存」的最大障礙而必須予以徹底摧毀嗎？答案當然是否定的。和胡適、陳獨秀、魯迅等「五四」反傳統主義者一樣，錢穆、唐君毅、張丕介、牟宗三、徐復觀等「文化遺民」的「終極關懷」也正是「救亡圖存」。但是，在他們的心目中，國家是民族和文化生息繁衍之場所，民族是國家的表徵和文化的載體，而文化則是民族的靈魂和國家的規定性，三者三位一體地構成了「救亡圖存」大業的有機組成部分，既互相依存互相轉化又互相決定，任何其中一個部分的破滅，其餘兩個部分亦勢必無法自存。[5]摧毀了中國的歷史文

5 錢穆一再重申：「歷史與文化就是一個民族精神的表現」，「沒有民族，就不可能有文化，不可能有歷史。同時，沒有文化，沒有歷史，也不可有民族。」錢穆，《中國

化，赤縣神州便會失去了規定性不復為中國，神明華冑也因失靈落魂不復為中華民族。錢穆曾相當精要地指出：「要滅亡一個國家，定要先滅亡他們的歷史。要改造一個民族，也定要先改造他們的歷史。猶如要消滅一個人的生命，必先消滅他的記憶般」，[6]「若這一個民族的文化消滅了，這個民族便不可能再存在。」[7]正因如此，反傳統主義者為救國保種而毀棄中國歷史文化，究其實只是一種倒行逆施，不僅於救國保種無益，反而會極大地加劇和加深了亡國滅種的危機，所毀棄者只能是救亡大業的自身。

錢穆進一步指出，胡適、陳獨秀、魯迅等「五四」運動的領袖之所以把中國的歷史文化視為「救亡圖存」的最大障礙，主要是緣於對中國的歷史文化的無知和無識：「論歷史本身，中國最偉大。論歷史記載，中國最高明。但論到歷史知識，則在今天的中國人，也可說最缺乏。對於自己國家民族以往歷史一切不知道」，[8]然而這些「五四」運動領袖，「雖然最缺乏的是歷史知識，卻又最喜歡談歷史。一切口號，一切標語，都用歷史來作證」，[9]

歷史精神》（臺北：東大圖書有限公司：一九七六年修訂版），頁七。

6 錢穆，《中國歷史精神》，頁九。

7 錢穆，《中國歷史精神》，頁七。

8 錢穆，《中國歷史精神》，頁九。

9 錢穆，《中國歷史精神》，頁十。

「偏要拿歷史來作理論的根據，偏要把歷史來作批評對象」，[10]他們以「專制黑暗」四個字，粗暴地把中國自秦以來二千年的歷史文化，一筆加以抹殺；[11]他們宣稱中國二千年來的歷史，或為儒家所「掩脅」，或為道家所「痲醉」，不僅文化和思想停滯不前，而其他「一切事態，因亦相隨停滯不進」。[12]在他們眼中，中國的歷史文化簡直「無有一點價值，亦無有一處足以使彼滿意」。[13]秉持著偏激的歷史虛無主義和「淺薄狂妄的進化觀」，他們鼓吹「打倒孔家店，廢止漢字，一切重估價值，打倒二千年來的學術思想而全盤西化」，[14]並把「我們當身種種罪惡與弱點，一切諉卸於古人」。[15]

「物競天擇、適者生存」。即使從胡適、陳獨秀、魯迅等「五四」領袖們最所崇尚的社會達爾文理論出發，中國和中華民族正是不值得「生存」的「不適者」。因為，在「五四」領袖們的宣教中，這個二千年來簡直一無好處、一無是處、對世界文明

10 錢穆，《中國歷史精神》，頁十二。

11 錢穆，《中國歷代政治得失・序》（香港：自印本，一九五二），頁一。

12 錢穆，《國史大綱・引論》（臺北：國立編譯館，一九五五），頁五。

13 錢穆，《國史大綱・引論》，頁一。

14 錢穆，《中國歷史精神》，頁十。

15 錢穆，《國史大綱・引論》，頁一。

毫無貢獻的國家和民族，早就應該在這個激烈競爭的世界中被淘汰！「亡國滅種」正是其必然的和無可避免的歸宿，此之謂「順乎天理」！如此「劣等」的國家、如此「不長進」的民族，我們為什麼還要白費力氣，不惜「逆天而行」予以拯救？[16]眾所周知，「救亡圖存」的原動力是民族主義，而國族歷史文化的崇高、偉大和光榮，又正是任何民族主義運動的旗幟、符號和象徵，是其取之不盡用之不竭的思想和精神資源。職是之故，正如錢穆所云：「救亡圖存」必須厚植國人對中國歷史文化的「溫情與敬意」，如果國人對歷史文化「無甚深之愛，必不能為其民族真奮鬥而犧牲，此民族終將無爭存於並世之力量。」[17]五四領袖們竭力醜化和妖魔化中國的歷史文化，以達到救國和保種的目的，不僅經不起任何邏輯和理性的分析檢驗，同時也只會在「救亡圖存」的實踐中消殂了國人犧牲奉獻的熱忱，名為救亡，實為自毀，簡直是完全開錯了藥方！

如果國人若對中國的歷史文化「略有所知」，便不難發現，

---

16 有關這一方面，錢穆曾以子之矛，攻子之盾，以「五四」反中國文化的論述，相當犀利地質疑反傳統主義者，如果「二千年來的中國人，全是奴隸根性。……二千年來奴性的民族，再有何顏面，有何權利，在此現代世界中求生存呢？」錢穆，《中國歷史精神》，頁十一。

17 錢穆，《國史大綱・引論》，頁三。

中國的歷史文化不僅有萬古恆新的普世價值，而且還有不可或缺的現代意義。[18]如果說，「救亡圖存」的充要條件是中國社會由傳統向現代的成功轉型，而轉型的成功又端賴於科學和民主在中國的成功建立。這是錢穆、唐君毅、張丕介、牟宗三、徐復觀等「文化遺民」和「五四」領袖難得一見的「共識」。但若無中國文化作為主人予以迎迓接引，由泰西來中國的「德先生」（民主）和「賽先生」（科學）這兩個客人，是絕不可能在中國安家落戶的。[19]此之謂「自外入者，無主不止」，這是五尺童子都能懂得的道理。摒棄了中國的歷史文化，也就全等於根絕了科學和民主移入中國的所有機遇和可能。

錢穆等人一再強調，「亡天下」的根本原因，是緣於國人（尤其是「五四」領袖）對中國歷史文化產生出「一種變態心理和反常情感」，因而「輕蔑和懷疑，甚至還抱持一種厭惡反抗的態度，甚至於要存心來破壞，要把中國以往歷史痛快地一筆勾消。」而

18 牟宗三、徐復觀、張君勱、唐君毅，〈為中國文化敬告世界人士宣言——我們對中國學術研究及中國文化與世界文化前途之共同認識〉，《民主評論》，卷九期一（一九五八年一月），頁十二～二十。

19 例如，錢穆曾指出：「我認為政治制度，必然得自根自生。縱使有些可以由外國傳來，也必然先與其本國傳統，有一番融和媾通，才能真實發生相當的效力。否則無生命的政治，無配合的制度，決然無法長成。」錢穆，《中國歷代政治得失・序》，頁一。

此種「變態心理和反常情感」的產生，又緣於對中國歷史文化的一無所知，[20]邏輯地，要「救天下」，便必須讓國人對中國歷史文化的普世價值和現代意義「略有所知」。「天下興亡，匹夫有責」，表彰與凸顯中國文化的意義和價值，便成了「文化遺民」們義不容辭的神聖職責。「文化遺民」們大都是一些書生，口中的舌（講學）和手中的筆（著述），便自然而然地成為他們「救天下」的兩大利器。在著述方面，早在抗戰期間，錢穆便奮筆疾書，撰成《國史大綱》上下兩冊；該書都約數十萬言，把由堯舜以迄民初的中國在文化、學術、社會、經濟、政治、制度、民族等方面形成、發展和遞嬗，「上下五千年，由古迄今，系統敘述，絕無一事無確據，絕無一語無明證」，[21]藉由翔實而具體的史跡，呈現了華夏文明的真、善、美，及其絲毫無愧於與西方文明並駕齊驅的理由，並對持「專制黑暗」論抹殺中國歷史文化者，對「世之持自卑自賤者」，痛加駁斥。「讀錢氏之書，當使懦夫有立志，病夫有生氣，熱血沸騰，奮然而思有所以自存矣。」[22]這是《國史大綱》讀者的普遍感受，也是對錢穆著書立說的存心的最佳

20 錢穆，《中國歷史精神》，頁九。

21 錢穆，《國史大綱・本書特版弁言（一九五五年六月）》，頁四。

22 牟潤孫，〈記所見之二十五年來史學著作〉，收入杜維運、黃進興編，《中國史學史論文選集》（臺北：華世出版社，一九八〇），冊二，頁一一二二～一一二三。

回報。播遷海外之後，「亡天下」痛定思痛的反省，使得錢穆、唐君毅、牟宗三、徐復觀等「文化遺民」們如骨鯁在喉，更加努力著書立說。他們的著作主要涵蓋了以下三個方面：一、清除「五四」反傳統運動濺潑在中國歷史文化上的污泥濁水，為中國歷史文化辯誣洗冤。二、弘揚中國文化的普世價值和現代意義。三、融會和溝通中西學術，既反省批判中國文化的欠缺不足之處，強調國人必須虛心學習西方，儘量引進如民主和科學等西方文化的優良因子；同時又反思批評西方文化的欠缺不足之處，強調西人亦應學習和引進中國文化的優良因子，在中西文化互敬互助互補互惠的基礎上，摶成和創造出更為先進、更為優質的世界新文化。[23]真金不怕烈火，真理越辯越明。越來越多的國人對他們的論述，由憎惡到懷疑，由懷疑到信服。他們的學術地位，也因之水漲船高，逐步由邊陲佔據了中心的位置。迄至今時今日，他們都成了學人們仰之彌高的大師鉅子；他們的著作，大都變成了中國文史哲研究領域不容繞過的學術經典。

在講學方面，錢穆、唐君毅和張丕介等人於一九四九年於在九龍桂林街創辦了新亞書院，其後牟宗三和徐復觀也先後由臺灣

23 牟宗三、徐復觀、張君勱、唐君毅，〈為中國文化敬告世界人士宣言——我們對中國學術研究及中國文化與世界文化前途之共同認識〉，頁一～二十。

飛來加盟。顧名思義，所謂「新亞」，就是「新亞洲」。亞洲代表東方文化，與代表歐美的西方文化如雙峰對峙，而中國又是亞洲最大的國家，欲「新」東方文化須由「新」中國文化入手，這是應然之義。[24]《詩經・大雅・文王》云：「周雖舊邦，其命維新」。所謂「新」又有二重意涵。其一是繼承和保存中國文化之普世價值和現代意義，使之萬古常新。其二是充量輸入和吸收西方文化的優良因子，尤其是民主和科學，在東西文化的融合交滙中不斷地創造和革新。正如新亞書院的創辦人之一唐君毅所言：

> 中國人與亞洲人必須對其歷史文化中之有價值者，能化舊為新，求其以通古今之變。所以新亞的精神，新亞之教育文化理想，我想不外一方希望以日新又日新之精神，去化腐臭為神奇，予一切有價值者皆發現其千古常新之性質。一方再求與世界其他一切新知新學相配合，以望有所貢獻于真正的新中國、新亞洲、新世界。[25]

堅信「古老的亞洲，古老的中國，必須新生」，堅信「只有當最古老的亞洲古老的中國獲得新生，中國得救，亞洲得救，

---

24 唐君毅，〈我所了解之新亞精神〉，《新亞校刊》（創刊號），期一（一九五二年六月），頁二。

25 唐君毅，〈我所了解之新亞精神〉，頁二。

而後世界人類才真能得救」，[26]新亞書院的師生在桂林街難以容膝的陋室裏，在「手空空，無一物」的飢寒困頓中，以「千斤擔子兩肩挑」的氣魄，[27]為實踐「發揚中國文化，溝通中西文化，以豐富世界文化」的教育理想和史命，堅忍不拔地展開了文化長征。新亞書院的創辦人之一錢穆坦承，新亞書院的辦學宗旨，「就在於要中國的青年重新認識自己的文化」，並通過「了解自己的文化，自己的歷史，自己的社會，自己的優點和特點」，培養出一種對自己的國家、民族和文化的自尊兼自重的「獨立精神」；[28]而新亞書院的二十四條「學規」，也一再要求學生熱愛國家、熱愛民族、熱愛歷史文化。[29]正因為新亞書院對學生在品格上有特殊的要求，她便不能像現代西式的大學那樣，僅僅以知識的傳授為其究竟。新亞書院「學規」的第一條，要求學生「求學與作人，貴能齊頭並進，更貴能融通合一」，[30]她以「誠明」

---

26 唐君毅，〈我所了解之新亞精神〉，頁二。

27 新亞校歌歌辭第三闕有云：「手空空，無一物，路遙遙，無止境。亂離中，流浪裏，餓我體膚勞我精。艱險我奮進，困乏我多情。千斤擔子兩肩挑，趁青春，結隊向前行。珍重，珍重，這是我新亞精神。」引自新亞校史館網頁 http://history.na.cuhk.edu.hk/zh-hk/Home.aspx（二〇一七年四月十七日）。

28 見一九五四年四月三日錢穆在新亞書院歡迎雅禮代表朗家恆（Charles H. Long）會上的致辭，轉引自張丕介，〈新亞與雅禮合作紀實——中西文化的新紀元〉，《新亞校刊》，期五（一九五四年七月），頁二十七。

29 新亞書院「學規」，新亞校史館網頁 http://history.na.cuhk.edu.hk/zh-hk/Home.aspx（二〇一七年四月十七日）。

30 新亞書院「學規」，新亞校史館網頁 http://history.na.cuhk.edu.hk/zh-hk/Home.aspx

兩字為校訓，甚至把事關「德性行為方面」的「誠」，安置在事關「知識瞭解方面」的「明」之前，[31] 這種強調德性重於知識的風格，使得新亞書院在精神上和氣味上都更像宋明時期的書院。

新亞書院的自我定位是：「上溯宋明書院講學精神，旁採西歐大學導師制度，以人文主義之教育宗旨，溝通東西文化，為人類和平、社會幸福謀前途。」[32] 無論是宋明書院的講學，或是西歐大學的導師制，老師都處於整個教育的中心位置。宋明書院「以人物中心來傳授各門課程」，新亞書院也是如此；錢穆、唐君毅、牟宗三、徐復觀等人，便分別成了講授中國歷史、哲學和文學各門課程的中心。新亞書院的「學規」，一再要求學生「敬愛您的師長」，「學規」第十三條，甚至告誡學生「課程學分是死的，分裂的；師長人格是活的，完整的。你應該轉移自己目光，不要儘注意一門門的課程，應該先注意一個個的師長。」「學規」第十七條，也循循勸勉學生：「你須透過師長，來接觸人類文化史上許多偉大的學者，你須透過每一學程來接觸人類文化史上許

（二〇一七年四月十七日）。

31 新亞書院「校訓」，新亞校史館網頁 http://history.na.cuhk.edu.hk/zh-hk/Home.aspx（二〇一七年四月十七日）。

32 引自新亞書院校刊之〈發刊辭〉，《新亞校刊》（創刊號），期一（一九五二年六月），頁一。

多偉大的學業與事業。」[33]這些成為新亞書院講學中心的老師，既是「經師」，更是「人師」，學生們侍隨在他們的講席杖履之間，如眾星之拱月。師生親密如一家人，既「道問學」，更「尊德性」，共同以學術問難攻錯為樂，以道義相期，以易俗移風相勉，以復興中國文化、創造世界新文化為奮鬥目標。一九五二年秋新亞書院第一屆的畢業生雖然只有余英時和張德民二人，[34]但在他們的〈臨別的話〉中，已洋溢着成竹在胸、真理在手，民族文化復興使命捨我其誰的決心和志氣：

> 我們的師長，為了一種高崇的文化目的，在香港創辦了新亞書院；而我們的同學也是為了要瞭解祖國的文化歷史以及未來人類的前途，而踏入了新亞的校門。在這幾年動亂的歲月裏，我們能始終絃歌不息，潛心研究，摸索著真理的方向。這一點，我們的確是足以引以為驕傲的。雖然，我們的人數很少，淺見者流將會認為我們不可能有什麼大的成就；但，這其實根本無關緊要，問題卻在我們是否能夠獲得真理罷了。文藝復興的少數學者與藝術家開創了輝煌的西方近代文

33 新亞書院「學規」，新亞校史館網頁 http://history.na.cuhk.edu.hk/zh-hk/Home.aspx（二〇一七年四月十七日）。

34 見〔新亞校刊〕編者，〈歡送余英時張德民兩同學〉，《新亞校刊》（創刊號），期一（一九五二年六月），頁三十。但在沙田中文大學新亞書院圓環廣場的歷屆畢業生的題名錄中，第一屆畢業生有余英時、張德民、陳栻一共三人，其故待考。

明，老子，孔子，墨子幾位偉大的思想家也倡導了春秋戰國時代的燦爛的平民學術活動。所以然？祇因他們掌握了真理故。

今天中國的文化正到了一個新的發展的關頭。如何負荷起此一重大的民族文化的復興使命，並進而促成世界文化之新生，顯然是我們天經地義的責任。文化問題，千頭萬緒；過去我們曾在一起，互相切磋地努力過，今天我們離開了，我們還得繼續不斷地，站在不同的崗位上，共同奮鬥下去。一粒小小的種子，十年後便可以長成大樹；我們不是應該有更堅定的自信心嗎？[35]

只要有真理、有志氣，埋頭實幹加苦幹，自可赤手搏龍蛇，扭轉乾坤，改天換地。若仍以余英時為例，他在新亞書院畢業赴美，負笈哈佛大學取得博士學位之後，先後在哈佛、耶魯、普林斯頓等世界最精英的著名學府任講座教授，並先後榮膺素有「人文諾貝爾獎」美譽的美國國會圖書館克魯格人文與社會科學終身成就獎（Kluge Prize）、唐獎漢學獎，在國際享有崇高的學術地位。余英時共著書五十九本，論文四百餘篇，許多已成為兩岸

35 余英時、張德民，〈臨別的話〉，《新亞校刊》（創刊號），期一（一九五二年六月），頁三十。

三地文史哲學者必須參考的重要典籍，而門下弟子亦有多人成為學術重鎮。余英時在兩岸三地人文學科的總體影響力，可謂無人能及。錢穆等在新亞書院播下的文化種子，當然遠不止余英時一人。除了課堂授課之外，新亞書院的教師和友人在一九五〇年代初一共舉辦了一百五十五場文化講座，藉以向社會大眾宣揚文化理念。[36]在新亞書院的學生和文化講座的聽眾中，許多人在學術成就容或不如余英時，但復興中國文化的志氣和努力則同。新亞書院亦因之眾志成城，得道多助，先後獲得美國雅禮協會、亞洲基金會和哈佛燕京學社的捐款，以及香港政府的承認，遂能由小變大，學生人數由一九四九年的四十二人，增加到目前的三千多人；[37]同時亦由弱變強，由桂林街陋室中的難民學校，在一九五六年遷入了窗明几淨，教學和圖書設備完善的農圃道校園；新亞書院自一九六三年與崇基書院、聯合書院共同組建中文大學，迄今已成為世界級的著名學府。由錢穆等人在一九四九年創辦的新亞書院，已變成了中國文化最重要的復興基地，他們播下的文化種子，許多已長成捍衛民族文化的參天大樹，形成了一

36 〈書院介紹・歷史〉，香港中文大學新亞書院網頁 http://www.na.cuhk.edu.hk/zh-hk/aboutnewasia-zhhk/history-zhhk.aspx（二〇一七年四月十七日）。

37 〈書院介紹・歷史〉，香港中文大學新亞書院網頁 http://www.na.cuhk.edu.hk/zh-hk/aboutnewasia-zhhk/history-zhhk.aspx（二〇一七年四月十七日）。

支沛然莫之能禦的學術和文化力量。

新亞書院初呈否極泰來，一元來復之象，錢穆等便先後請得亞洲基金會和哈佛燕京學社的資助，在一九五三年秋天著手籌建新亞研究所，藉以為中國文化的偉大復興、培養和儲備高校的教學和研究人材。新亞研究所碩士班於一九五五年秋正式招生，博士班在一九八一年開辦，錢穆、唐君毅、牟宗三、徐復觀、嚴耕望、全漢昇等文、史、哲學術大師先後在該所任教，迄至二〇一七年，總共培養了碩士三百四十八人、博士八十四人，外國特別研究生三十一人。[38]這些畢業生大部分在中學任教，小部分在大學和研究機構任職，共同為傳遞中國文化的薪火盡心盡力。

和新亞研究所第一次招考碩士生同步，新亞研究所的機關報《新亞學報》亦因之同時創刊。創辦《新亞學報》的宗旨和目的，自然包括了為新亞書院的教師，以及為新亞研究所的研究生的學術研究，提供論文發表的園地，這是理所當然的，故錢穆在〈《新亞學報》發刊辭〉中，毋庸再提及此事。〈發刊辭〉要言不煩，明確指出之所以要創辦《新亞學報》，其中一個最重要的原因，

38 新亞研究所歷年來碩士和博士畢業生的總人數，由新亞研究所工作人員最近統計後賜知，謹此申謝！

就是要建立一個考據與義理並重，可為學界之典範兼示範的人文學術期刊，以「詔示來學者之方嚮與準繩」，使其「差免門戶之見，或有塗轍可遵」，[39]從根本上扭轉時下學界或重考據輕義理，或重義理輕學問的不正學風。

〈發刊辭〉雖承認考據和義理，各有其不可磨滅的價值，但同時嚴正指出，若任何一方把自己的價值強調得過了頭，甚之因之菲薄其他學術，便會產生極大的流弊。〈發刊辭〉對胡適與傅斯年等「高抬考據，輕視義理」，鼓吹「以科學方法整理國故」、主張「為學術而學術」，提倡「窄而深的研究」所產生的嚴重弊端，[40]予以嚴厲的批評，斥之為：「見樹不見林，競鑽牛角尖，能入而不能出。所謂窄而深之研究，既乏一種高瞻遠矚，總攬並包之識度與氣魄，為之發蹤指示，其窄深所得，往往與世事渺不相關。即在承平之世，已難免玩物喪志之譏，何論時局艱危，思想徨徬無主，群言龐雜，不見有所折衷，而學術界曾不能有所貢獻。所謂為學術而學術，以專家絕業自負，以窄而深之研究自期，以考據明確自詡，壁壘清嚴，門墻峻峭，自成風氣，若不食人間煙火。縱謂其心可安，而對世情之期望與責難，要亦無以自

39 錢穆，〈《新亞學報》發刊辭〉，《新亞學報》，卷一期一（一九五五年六月），頁八。
40 錢穆，〈《新亞學報》發刊辭〉，頁一。

解。」[41]

除了以玩物喪志，無補於世道人心，不指名地批評了胡適、傅斯年等人所提倡之考據學之外，〈發刊辭〉從方法學的謬誤方面，再提出嚴厲的批評：

> 此數十年來，所謂以科學方法整理國故，其最先旨義，亦將對中國已有傳統歷史文化，作澈底之解剖與檢查，以求重新估定一切價值。所懸對象，較之晚明清初，若更博大高深。而惟學無本源，識不周至。盤根錯節，置而不問。宏綱巨目，棄而不顧。尋其枝葉，較其銖兩，至今不逮五十年，流弊所極，孰為關心於學問之大體，孰為措意於民物之大倫？各據一隅，道術已裂，細碎相逐，乃至互不相通。僅曰上窮碧落下黃泉，動手動腳找材料。其考據所得，縱謂盡科學方法之能事，縱謂達客觀精神之極詣，然無奈其內無邃深之旨義，外乏旁通之塗轍，則為考據而考據，其貌則是，其情已非，亦實有可資非難之疵病也。[42]

〈發刊辭〉對當時學界「鄙薄學問知識，而高談思想理論」

41 錢穆，〈《新亞學報》發刊辭〉，頁二。
42 錢穆，〈《新亞學報》發刊辭〉，頁二～三。

的「一般新進」，亦痛加針砭：

> 必先有學問而後有知識，必先有知識而後有理論。學問如下種，理論猶之結實。不經學問而自謂有知識，其知識終不可靠。不先有知識，而自負有理論，其理論終不可恃。猶之不先下種，遽求開花結果，世間甯有此事？此乃學術虛實之辨，而今日學術界大病，則正在於虛而不實。……不悟其思想理論之僅為一人一時之意見，乃不由博深之知識來。其所講知識，皆淺嘗速化，道聽途說，左右采獲，不由誠篤之學問來。若真求學問，則必遵軌道，重師法，求系統，務專門，而後始可謂之真學問。有真學問，始有真知識，有真知識，始得有真思想與真理論。而從事學問，必下真工夫，沉潛之久，乃不期而上達於不自知，此不可刻日而求，躁心以赴。[43]

考據與義理，或知識與理論，合則雙美，離則兩傷。中學與西學，亦各有所短，各有所長，實不宜妄自尊大，更不應妄自菲薄。正如〈發刊辭〉所強調，《新亞學報》的創辦，正是要「考據義理並重，中學西學，以平等法，融之一爐」，從而矯正時下

---

43 錢穆，〈《新亞學報》發刊辭〉，頁三。

學界的「偏蔽」，[44]「為中國此後學術開新風氣，闢新路嚮」[45]

儘管〈發刊辭〉出自錢穆手筆，但卻是綜合自新亞研究所同仁的集體意見。有關此點，錢穆已清晰地作出說明：「本所同人，學問無可自恃，知識無以自信，自創設新亞研究所，每為此事，時相研討。……茲值學報創始，姑述其所平素討論者，以求並世通人之教益焉。」[46]新亞研究所的師生，以及所外的投稿者，亦因之勉力以赴，力求自己的著述符合「考據義理並重，中學西學，以平等法，融之一爐」的標準。自一九五五年創刊以來，迄今已出版共三十四卷，在長達六十一年期間，香港、臺灣、西歐、北美以及澳洲之學術大師和鉅子，諸如錢穆、唐君毅、牟宗三、徐復觀、饒宗頤、羅香林、嚴耕望、全漢昇、董作賓、勞榦、陳槃、潘重規、柳存仁、王德昭、余英時、杜德橋（Glen Dudbridge）等人，在《新亞學報》上發表論文不下數十百篇，對於扭轉學界之不正之風，推廣和深化中國的文學、史學、哲學、藝術，宗教方面之學術研究，自有其歷久不磨之功勛與貢獻存焉。

---

44 錢穆，〈《新亞學報》發刊辭〉，頁八。

45 錢穆，〈《新亞學報》發刊辭〉，頁三。

46 錢穆，〈《新亞學報》發刊辭〉，頁八。

歷史的巨輪轉入二十一世紀初葉，「五四」反傳統文化的論述，已失盡話語權，「全盤西化」再也無人敢於提倡。往昔把中國傳統文化視為封建的糟粕和流毒，攻擊唯恐不力，揚棄唯恐不盡的政權，也竭力裁剪傳統文化的象徵和符號，作為其統治合法性的緣飾，並在全球各大洲建立了數百間弘揚中國文化的孔子學院。就連歐美好些往昔「高人一等」的白種人，也開始努力學習中文；君不見美國新任總統川普的外孫女，居然會在白宮歡迎習近平的宴會上，朗朗上口地背誦唐詩和《三字經》麼？在歷盡百刼千難入死出生之後，中國的歷史文化，正遭逢近一百多年來從未有過的良好機遇。國學院及各種研究和推廣中國傳統文化的民間書院，在中國大陸如雨後春筍遍地出現；數以百萬計的臺灣兒童參加了讀經班，而中國大陸的讀經兒童更有數千萬之多。「誰笑得最後，誰笑得最好。」當代文化保守主義和當代新儒家，已經成為二岸三地人文學術研究的一大熱點。近二十年來，以錢穆、唐君毅、牟宗三、徐復觀、余英時、杜維明、劉述先等人為研究課題的專書、碩士、博文論文的數目何止千百。他們的門人和再傳三傳四傳弟子，也有多人在臺、港、澳、西歐、北美的大學和研究機構任職，形成了一支士飽馬騰、旗鼓堂堂的學術隊伍。昔日「花果飄零」的中國傳統文化，也由桂林街新亞書院重新出發，歷經臺、港、澳、西歐、北美，再回流及反哺著中國大陸的文化界、學術界和思想界，開始在故土「靈根再植」。新亞先賢對中國文化前途的預言，已逐步兌現。歷史已經為新亞書院先賢與五四反傳統主義者的長期論爭，作出公正的結論。他們若泉下有知，應該不必再憂心中國文化的被打壓，被污蔑，被妖魔化；而他們的繼承者也開始認真思考，如何才能讓中國文化，避免為專制政治所歪曲，所利用。

新亞書院、新亞研究所和《新亞學報》三位一體，參與並見證了中國文化的偉大復興。就其重要性而言，兩岸三地乃至西歐北美澳洲稍具規模的大學圖書館，都應該藏有一套完整的《新亞學報》。因為，他為香港的學術史、文化史和思想史的研究者，為中國當代學術文化思想史和當代新儒學史的研究者，乃至為中國文學、史學和哲學的研究者，提供了各式各樣的研究課題，以及豐富充實的研究資料。臺北萬卷樓圖書公司這次毅然斥鉅資《景印香港新亞研究所《新亞學報》（第一至三十卷）》出版，以方便世界各地尤其是中國大陸的大學圖書館收藏，其有益於中國人文學術研究，真正是功德無量！

景印香港新亞研究所《新亞學報》編輯體例

一、《新亞學報》自一九五五年八月一日創刊迄二〇一七年八月，已逾一甲子，共出刊三十四卷，總五十期。為推動新亞精神，並廣流傳，乃籌組編委會，以第一至三十卷為範疇，共四十一冊，重新董理，景印出版；並附上「索引・圖錄」別冊，以備檢索。

二、景印底本，由香港新亞研究所提供，該所所藏《新亞學報》原刊本為底稿，重新掃描景印；並以臺灣中央研究院藏本、臺灣大學圖書館藏本、國家圖書館藏本為輔助，針對「新亞本」中漫漶、殘缺、脫頁部分，加以校覈、比對、修復、還原。

三、因原刊本保存已久，頁面泛黃，色澤較深。掃描整理之際，乃採逐頁彩色方式掃描，並採「去背」方式進行影像處理，以突顯原刊本字體，便利讀者閱讀。

四、印刷方式，採黑白灰階印刷。惟原刊本中，部分圖表，頁面過大，採折頁、跨頁方式呈現者；或文字過小，密不可辨者；或彩色圖示，單色無法分辨其義者；今另行製作彩色圖版，統一放大，採折頁方式，收入「圖錄」冊，以便讀者瀏覽。

五、景印本，除保留原書封面、封底、書名頁、正文、輔文、版權頁等，呈現原刊本面貌外，並另行加上書眉、重新編次景印本頁碼，及景印本之書名頁、編輯小組、目次等，以為識別。

六、頁碼編次，採「冊數 - 頁數」方式呈現，例如：頁 1-1，為第一冊，第一頁。景印本目次、索引，均標示新編頁碼，以備檢索。

七、原刊本第十七至三十卷，為西式排版，景印本亦同。裝訂邊隨之改為左翻，「索引 ‧ 圖錄」別冊，亦採西式橫排，特此誌之。

八、為便利讀者檢索，「索引 ‧ 圖錄」別冊，編入第四十二冊。索引部分，分為「分卷索引」、「分類索引」、「作者索引」。分卷索引，依卷期順序，次第排序；分類索引，依文章內容，分門別類；作者索引，依作者姓名，彙集文章序號。

九、頁碼呈現，均區分原刊本頁碼、景印本頁碼之不同。原刊本頁碼，由於早期排版，「轉頁」方式盛行，採「+」方式呈現；若為連續頁碼者，採「-」方式表述；部分文章，附錄圖片未標示頁碼者，採「_」方式標示。

十、索引冊景印本頁碼，僅標示文章起始頁面重新編次之頁碼，不另標示轉頁等其他資訊。「圖錄」頁碼，採單獨起訖，以「頁 42- 圖版一」方式表述，以備查找。

景印香港新亞研究所《新亞學報》

索引・圖錄　目次

出版序文……翟志成 1

編輯小組……1

編輯體例……1

索引冊

分卷目錄……1

分類目錄……31

作者索引……85

新亞學報稿約……101

新亞學報第一屆徐復觀最佳論文獎啟事……105

圖錄冊

圖版一　初期宋學之地理分佈

見第一卷第一期，景印本頁 1-359

圖版二　兩宋洛學之地理分佈

見第一卷第一期，景印本頁 1-363

圖版三　兩宋閩學之地理分佈

見第一卷第一期，景印本頁 1-369
圖版四　兩宋關學之地理分佈
見第一卷第一期，景印本頁 1-373
圖版五　蘇氏蜀學之地理分佈
見第一卷第一期，景印本頁 1-377
圖版六　荊公新學之地理分佈
見第一卷第一期，景印本頁 1-379
圖版七　兩宋朔學之地理分佈
見第一卷第一期，景印本頁 1-380
圖版八　唐宋元明時代之屯門交通形勢圖
見第二卷第二期，景印本頁 4-281
圖版九　唐代漢中通散關鳳翔驛道圖
見第八卷第二期，景印本頁 16-59
圖版十　王維行旅圖
見第九卷第一期，景印本頁 17-235
圖版十一　馬尼剌附近省分圖
見第九卷第二期，景印本頁 18-186
圖版十二　陰平道圖
見第九卷第二期，景印本頁 18-231
圖版十三　唐代長安太原道驛程圖
見第十卷第一期（上冊），景印本頁 19-51
圖版十四　唐代長安河套間三道交通示意圖
見第十卷第一期（下冊），景印本頁 20-255

圖版十五　唐代河湟青海地區交通與軍鎮示意圖
見第十一卷，景印本頁 21-331
圖版十六　唐代之黃河與汴河
見第十一卷，景印本頁 21-455
圖版十七　杜工部秦州入蜀行程北段圖
見第十一卷，景印本頁 21-615
圖版十八　見第十三卷，景印本頁 23-148
圖版十九　見第十三卷，景印本頁 23-149
圖版二十　唐代太原北塞交通圖
見第十三卷，景印本頁 23-150
圖版二一　秦漢迄唐飛狐道圖
見第十四卷，景印本頁 24-131
圖版二二　唐代盟津以東黃河流程與津渡圖
見第十五卷，景印本頁 25-126
圖版二三　唐代揚州南通大江三渠道圖
見第十七卷，景印本頁 28-246

分卷目錄

作者	篇名	原刊本頁碼	景印本頁碼
第1冊・第1卷・第1期（1955年08月）			
	發刊辭	頁 a1-a8	頁 1-3
錢　穆	中國思想史中之鬼神觀 上篇 + 下篇	頁 1-21+23-43	頁 1-13
唐君毅	論中國哲學思想史中「理」之六義	頁 45-98	頁 1-59
劉百閔	易事理學序論	頁 99-133	頁 1-113
錢　穆	王弼郭象注易老莊用理字條錄	頁 135-156	頁 1-149
饒宗頤	西漢節義傳	頁 157-161+163-208	頁 1-171
羅香林	唐代天可汗制度考	頁 209-243	頁 1-223
章　羣	唐代降胡安置考	頁 245-247+249-329	頁 1-259
何佑森	兩宋學風之地理分佈	頁 331-333+335+337+339+341+343+345+347+349+351-353+355+357-359+361+363+365+367+370-375+377-379	頁 1-345
牟潤孫	春秋時代之母系遺俗公羊證義	頁 381-383+385-421	頁 1-393
第2冊・第1卷・第2期（1956年02月）			
錢　穆	中國古代北方農作物考	頁 1-27	頁 2-5
唐君毅	孟墨莊荀之言心申義（上）——附論大學中庸之心學——	頁 29-53	頁 2-33

作者	篇名	原刊本頁碼	景印本頁碼
唐君毅	孟墨莊荀之言心申義（下）——兼論大學中庸之心學——	頁 55-81	頁 2-59
施之勉	漢書補注辨正（卷一）（卷二）（卷三）	頁 83-206	頁 2-87
余英時	東漢政權之建立與士族大姓之關係——略論兩漢之際政治變遷的社會背景	頁 207-280	頁 2-213
章　羣	論唐開元前的政治集團	頁 281-303	頁 2-291
何佑森	元代學術之地理分布	頁 305-366	頁 2-315
羅香林	容閎與中國新文化運動之啟發	頁 367+369-417	頁 2-381

第 3 冊 · 第 2 卷 · 第 1 期（1956 年 08 月）

作者	篇名	原刊本頁碼	景印本頁碼
錢　穆	本論語論孔學	頁 1-23	頁 3-5
錢　穆	釋道家精神義	頁 25+27-72	頁 3-29
施之勉	漢書補注辨正（卷四）（卷五）（補遺）	頁 73-214	頁 3-77
嚴耕望	舊唐書本紀拾誤	頁 215-217+219-306	頁 3-219
孫國棟	唐書宰相表初校	頁 307-359	頁 3-311
何佑森	元代書院之地理分布	頁 361-408	頁 3-365

第 4 冊 · 第 2 卷 · 第 2 期（1957 年 02 月）

作者	篇名	原刊本頁碼	景印本頁碼
唐君毅	先秦思想中之天命觀	頁 1-33	頁 4-7
錢　穆	論春秋時代人之道德精神（上）（下）	頁 35-60+61-77	頁 4-41
牟潤孫	釋論語狂簡義	頁 79-86	頁 4-85

作者	篇名	原刊本頁碼	景印本頁碼
錢　穆	朱子與校勘學	頁 87-113	頁 4-93
何佑森	元史藝文志補注（卷一）	頁 115-270	頁 4-121
羅香林	屯門與其地自唐至明之海上交通	頁 271-273+274_1+279-300	頁 4-277
杜維運	廿二史劄記考證序言	頁 301-436	頁 4-309
張　瑄	鄧小中鼎考釋	頁 437_1+443-450	頁 4-451
董作賓	中國文字演變史之一例	頁 451-460	頁 4-459

第 5 冊 ・ 第 3 卷 ・ 第 1 期（1957 年 08 月）

作者	篇名	原刊本頁碼	景印本頁碼
錢　穆	西周書文體辨	頁 1-16	頁 5-7
孫國棟	唐代三省制之發展研究	頁 17-121	頁 5-23
錢　穆	雜論唐代古文運動	頁 123-168	頁 5-129
羅球慶	北宋兵制研究	頁 169-270	頁 5-177
陳荊和	十七、八世紀之會安唐人街及其商業	頁 271+273-332	頁 5-277
饒宗頤	敦煌本文選斠證（一）	頁 333-403	頁 5-339

第 6 冊 ・ 第 3 卷 ・ 第 2 期（1957 年 08 月）

作者	篇名	原刊本頁碼	景印本頁碼
錢　穆	讀文選	頁 1-33	頁 6-7
錢　穆	讀柳宗元集	頁 35-44	頁 6-41
錢　穆	讀姚炫唐文粹	頁 45-51	頁 6-51
柳存仁	毘沙門天王父子與中國小說之關係	頁 53+55-98	頁 6-59

作者	篇名	原刊本頁碼	景印本頁碼
陳啟雲	兩晉三省制度之淵源、特色及其演變	頁 99-229	頁 6-105
何佑森	元史藝文志補注（卷二）	頁 231-304	頁 6-237
饒宗頤	敦煌本文選斠證（二）	頁 305-328+ a5-a8	頁 6-311

第 7 冊 · 第 4 卷 · 第 1 期（1959 年 08 月）

作者	篇名	原刊本頁碼	景印本頁碼
謝幼偉	孝與中國社會	頁 1-24	頁 7-13
余英時	漢晉之際士之新自覺與新思潮	頁 25-144	頁 7-37
羅香林	南朝至唐廣州光孝寺與禪宗之關係	頁 145-161	頁 7-157
陳啟雲	劉宋時代尚書省權勢之演變	頁 163-181	頁 7-175
嚴耕望	從南北朝地方政治之積弊論隋之致富	頁 183-210	頁 7-195
孫國棟	唐宋之際社會門第之消融——唐宋之際社會轉變研究之一	頁 211-304	頁 7-223
陳荊和	承天明鄉社與清河庯——順化華僑史之一頁——	頁 305-330	頁 7-323
潘重規	亭林詩鉤沈	頁 331-386	頁 7-351
潘重規	亭林詩發微	頁 387-400	頁 7-407
柳存仁	元至治本全相武王伐紂平話明刊本列國志傳卷一與封神演義之關係	頁 401-442	頁 7-421
	附　錢賓四先生出版著作一覽	頁 1-2	頁 7-463

第 8 冊 · 第 4 卷 · 第 2 期（1960 年 02 月）

作者	篇名	原刊本頁碼	景印本頁碼
劉百閔	易事理學的第一原理	頁 1-64	頁 8-9

作者	篇名	原刊本頁碼	景印本頁碼
唐君毅	墨子小取篇論「辯」辨義	頁 65+67-99	頁 8-73
蘇雪林	天問懸解三篇	頁 101-126	頁 8-109
陳啟雲	畧論兩漢樞機職事與三台制度之發展	頁 127-157	頁 8-135
孫甄陶	李商隱詩探微	頁 159-241	頁 8-167
饒宗頤	敦煌琵琶譜讀記	頁 243+245-277	頁 8-251
羅錦堂	論元人雜劇之分類	頁 279-306	頁 8-287
包遵彭	鄭和下西洋之寶船考	頁 307-351	頁 8-315
牟潤孫	論儒釋兩家之講經與義疏	頁 353-415	頁 8-361

第 9 冊 · 第 5 卷 · 第 1 期（1960 年 08 月）

作者	篇名	原刊本頁碼	景印本頁碼
錢　穆	讀詩經	頁 1-48	頁 9-7
曹仕邦	論兩漢迄南北朝河西之開發與儒學釋教之進展	頁 49-177	頁 9-55
羅炳綿	西晉迄隋戰亂之損害	頁 179-365	頁 9-185
劉茂華	王夫之先生學術思想繫年	頁 367-432	頁 9-373
陳荊和	清初鄭成功殘部之移殖南圻（上）	頁 433-459	頁 9-439
潘重規	史籀篇非周宣王時太史籀所作辨	頁 461-494	頁 9-467

第 10 冊 · 第 5 卷 · 第 2 期（1960 年 08 月）

作者	篇名	原刊本頁碼	景印本頁碼
唐君毅	荀子正名與先秦名學三宗——荀子以「以名亂名」「以實亂名」「以名亂實」解義	頁 1-22	頁 10-7
錢　穆	畧論魏晉南北朝學術文化與當時門第之關係	頁 23-77	頁 10-29

作者	篇名	原刊本頁碼	景印本頁碼
金中樞	宋代古文運動之發展研究	頁 79-146	頁 10-85
尚重濂	兩宋之際民眾抗敵史研究	頁 147-238	頁 10-153
曹仕邦	論中國佛教譯場之譯經方式與程序	頁 239-321	頁 10-245
柳存仁	四遊記的明刻本——倫敦所見中國小說書目提要之一	頁 323-375	頁 10-329
李學智	金史語解正誤初稿	頁 377-429	頁 10-383
	新亞學報第一卷至五卷篇目	頁 431-444	頁 10-437

第 11 冊 · 第 6 卷 · 第 1 期（1964 年 02 月）

作者	篇名	原刊本頁碼	景印本頁碼
錢　穆	推止篇	頁 1-43	頁 11-7
柳存仁	墨經箋疑（上）	頁 45-53+55-139	頁 11-51
龐聖偉	論三國時代之大族	頁 141-143+145-204	頁 11-147
金中樞	北宋科舉制度研究（上）	頁 205-207+209+211-281	頁 11-211
黃開華	明代土司制度設施與西南開發（上）	頁 283+285-329+330_1-330_8+331-365	頁 11-291
羅炳綿	史籍考修纂的探討（上）	頁 367-371+373-414	頁 11-381
曹仕邦	中國佛教史傳與目錄源出律學沙門之探討（上）	頁 415-486	頁 11-429
杜聯喆	跋皇明進士登科考叙	頁 487-494	頁 11-501

作者	篇名	原刊本頁碼	景印本頁碼

第12冊・第6卷・第2期（1964年08月）

作者	篇名	原刊本頁碼	景印本頁碼
唐君毅	秦漢以後天命思想之發展	頁 1-61	頁 12-7
蘇慶彬	元魏北齊北周政權下漢人勢力之推移	頁 63-161	頁 12-69
金中樞	北宋科舉制度研究（下）	頁 163+165-242	頁 12-169
錢　穆	讀明初開國諸臣詩文集	頁 243+245-326	頁 12-249
楊啟樵	明初人才培養與登進制度及其演變	頁 327-331+333-394	頁 12-333
黃開華	明代土司制度設施與西南開發（下）	頁 395+397-495	頁 12-403
杜德橋	西遊記祖本考的再商榷	頁 497-519	頁 12-503

第13冊・第7卷・第1期（1965年02月）

作者	篇名	原刊本頁碼	景印本頁碼
柳存仁	墨經箋疑（下）	頁 1-5+7-134	頁 13-7
逯耀東	拓拔氏與中原士族的婚姻關係	頁 135-211	頁 13-141
楊　勇	陶淵明年譜彙訂	頁 213-304	頁 13-221
曹仕邦	中國佛教史傳與目錄源出律學沙門之探討（中）	頁 305+307-361	頁 13-311
黃漢超	宋神宗實錄前後改修之分析（上）	頁 363-409	頁 13-373
羅炳綿	史籍考修纂的探討（下）	頁 411-455	頁 13-417

第14冊・第7卷・第2期（1966年08月）

作者	篇名	原刊本頁碼	景印本頁碼
逯耀東	從北魏前期的文化與政治形態論崔浩之死（上）	頁 1-46	頁 14-7

作者	篇名	原刊本頁碼	景印本頁碼
嚴耕望	唐代方鎮使府之文職僚佐	頁 47-77	頁 14-53
曹仕邦	中國佛教史傳與目錄源出律學沙門之探討（下）	頁 79+81-155	頁 14-85
黃漢超	宋神宗實錄前後改修之分析（下）	頁 157-195	頁 14-163
饒宗頤	華梵經疏體例同異析疑	頁 197-210	頁 14-203
曾錦漳	林譯小說研究（上）	頁 211-292	頁 14-217
莊　申	王維在山水畫史中地位演變的分析	頁 293-321	頁 14-299
金中樞	論北宋末年之崇尚道教（上）	頁 323-414	頁 14-329

第 15 冊 · 第 8 卷 · 第 1 期（1967 年 02 月）

作者	篇名	原刊本頁碼	景印本頁碼
唐君毅	朱陸異同探源	頁 1-100	頁 15-7
嚴耕望	漢唐褒斜道考	頁 101-156+156_1	頁 15-107
全漢昇	宋明間白銀購買力的變動及其原因	頁 157-186	頁 15-165
金中樞	論北宋末年之崇尚道教（下）	頁 187-257	頁 15-195
柳存仁	明儒與道教	頁 259-296	頁 15-267
羅炳綿	章實齋對清代學者的譏評	頁 297-365	頁 15-305
潘重規	高鶚補作紅樓夢後四十回的商榷	頁 367-382	頁 15-375
曾錦漳	林譯小說研究（下）	頁 383-426	頁 15-391

第 16 冊 · 第 8 卷 · 第 2 期（1968 年 08 月）

作者	篇名	原刊本頁碼	景印本頁碼
嚴耕望	通典所記漢中通秦川驛道考——散關鳳興漢中道——	頁 1-51+52_1	頁 16-7

作者	篇名	原刊本頁碼	景印本頁碼
唐君毅	陽明學與朱陸異同重辨（一）	頁 53-126	頁 16-61
逯耀東	北魏孝文帝遷都與其家庭悲劇	頁 127-157	頁 16-135
黃漢超	宋代禁止實錄流佈之原因	頁 159-178	頁 16-167
羅炳綿	錢竹汀的校勘學和同時代藏書家	頁 179-288	頁 16-187
梁天錫	論宋宰輔互兼制度	頁 289-320	頁 16-297
潘重規	國立中央圖書館所藏燉煌卷子題記	頁 321-373+ 374_1-374_16	頁 16-329
蘇慶彬	章實齋史學溯源	頁 375-412	頁 16-399
陳荊和	清初鄭成功殘部之移殖南圻（下）	頁 413-485	頁 16-437

第 17 冊 · 第 9 卷 · 第 1 期（1969 年 06 月）

作者	篇名	原刊本頁碼	景印本頁碼
唐君毅	陽明學與朱陸異同重辨（二）——下篇：陽明學與朱子學之關係——	頁 1-69	頁 17-9
潘重規	王重民題燉煌卷子徐邈毛詩音新考	頁 71-91+ 92_1-92_3	頁 17-79
中野美代子	帝師八思巴行狀校證	頁 93-119	頁 17-105
曹仕邦	論佛祖統紀對紀傳體裁的運用	頁 121-180	頁 17-133
莊　申	王維行旅考	頁 181-222+ 222_1	頁 17-193
趙效宣	朱子家學與師承	頁 223-241	頁 17-237
金中樞	北宋舉官制度研究（上）	頁 243-298	頁 17-257

作者	篇名	原刊本頁碼	景印本頁碼

第 18 冊 · 第 9 卷 · 第 2 期（1970 年 09 月）

潘重規	倫敦藏斯二七二九號暨列寧格勒藏一五一七號敦煌毛詩音殘卷綴合寫定題記	頁 1-48+48_1-48_8	頁 18-9
全漢昇	明代北邊米糧價格的變動	頁 49-96	頁 18-65
余　煒	一六〇三年菲律賓華僑慘殺案始末	頁 97-167+169-170	頁 18-113
王德昭	服爾德著作中所見之中國	頁 171-206	頁 18-187
嚴耕望	陰平道辨	頁 207-224	頁 18-223
李學銘	從東漢政權實質論其時帝室婚姻嗣續與外戚升降之關係	頁 225-282	頁 18-243

第 19 冊 · 第 10 卷 · 第 1 期（上冊）（1971 年 12 月）

嚴耕望	唐代長安太原道驛程考	頁 1-44+44_1	頁 19-7
徐復觀	王充論考	頁 45-108	頁 19-53
王德昭	論甲午援韓	頁 109-143	頁 19-117
羅炳綿	梁啟超對中國史學研究的創新	頁 145-268	頁 19-153
陳慶新	宋儒春秋尊王要義的發微與其政治思想（上）	頁 269-368	頁 19-277

第 20 冊 · 第 10 卷 · 第 1 期（下冊）（1973 年 07 月）

潘重規	瀛涯敦煌韻輯別錄	頁 1-92	頁 20-7
廖伯源	漢代爵位制度試釋	頁 93-184	頁 20-99
李學銘	讀後漢書劄記	頁 185-205	頁 20-191

作者	篇名	原刊本頁碼	景印本頁碼
嚴耕望	唐代關內河東東西交通線	頁 207-232	頁 20-213
嚴耕望	唐代長安東北通勝州振武軍驛道考	頁 233-248+248_1	頁 20-239
鄧青平	清雍正年間（一七二三－三五）的文官養廉制度	頁 249-336	頁 20-257
曹仕邦	李、陳、黎三朝的越南佛教與政治	頁 337-428	頁 20-345

第 21 冊・第 11 卷（上、下冊）（1976 年 03 月）

作者	篇名	原刊本頁碼	景印本頁碼
唐君毅	成實論之辨「假」、「實」、「空」、「有」，與中論之異同	頁 1-36	頁 21-13
潘重規	瀛涯敦煌韻輯拾補	頁 37-48	頁 21-49
饒宗頤	大英博物院藏 S.5540 敦煌大冊之曲子詞——長安詞、山花子及其他	頁 49-59	頁 21-61
全漢昇	明清時代雲南的銀課與銀產額	頁 61-88	頁 21-73
金中樞	宋代三省長官置廢之研究	頁 89-147	頁 21-101
曹仕邦	論釋門正統對紀傳體裁的運用	頁 149-222	頁 21-161
嚴耕望	唐代河湟青海地區交通軍鎮圖考	頁 223-316+316_1	頁 21-235
陳　槃	春秋列強兼并考略	頁 317-335	頁 21-333
徐復觀	鹽鐵論中的政治社會文化問題	頁 337-418	頁 21-353
陳正祥	唐代的黃河與汴河	頁 419-436+436_1	頁 21-435
余英時	戴震與清代考證學風	頁 437-492	頁 21-457
湯承業	論范仲淹的政治主張與政治思想	頁 493-540	頁 21-513

作者	篇名	原刊本頁碼	景印本頁碼
嚴耕望	中古時代仇池山區交通網——以杜工部秦州入蜀行程爲考論中心——	頁 541-593+593_1	頁 21-561

第 22 冊 · 第 12 卷（1977 年 08 月）

作者	篇名	原刊本頁碼	景印本頁碼
錢 穆	朱子學流衍韓國考	頁 1-69	頁 22-5
徐復觀	原史——由宗教通向人文的史學的成立	頁 71-142	頁 22-75
陳啟雲	中國中古「士族政治」考論之一（淵源論）	頁 143-182	頁 22-147
廖伯源	漢代爵位制度試釋　下編　關內侯以下十九等爵制度試釋	頁 183-242	頁 22-187
翟志成	魯迅與胡風之反控制鬬爭	頁 243-336	頁 22-247
雷家驥	曹植贈白馬王彪詩并序箋證	頁 337-404	頁 22-341

第 23 冊 · 第 13 卷（1980 年 06 月）

作者	篇名	原刊本頁碼	景印本頁碼
徐復觀	史漢比較研究之一例	頁 1-79	頁 23-11
嚴耕望	唐代太原北塞交通圖考	頁 81-138+138_1	頁 23-91
霍韜晦	安慧「三十唯識釋」原典譯註（一）——第一分　識轉化論之第一、第二品	頁 139-210	頁 23-153
李潔華	唐宋禪宗之地理分佈	頁 211-362	頁 23-225
吳緝華	論明代北方邊防內移及影響	頁 363-408+408_1	頁 23-377
全漢昇	清代蘇州的踹布業	頁 409-437	頁 23-425
蘇慶彬	清史稿列傳本證——諸王列傳	頁 439-494	頁 23-455
翟志成	胡風及胡風集團重要成員歷略	頁 495-586	頁 23-511

作者	篇名	原刊本頁碼	景印本頁碼

第 24 冊・第 14 卷（1984 年 08 月）

作者	篇名	原刊本頁碼	景印本頁碼
勞　榦	修正殷歷譜的新觀念和新設計	頁 1-66	頁 24-7
嚴耕望	秦漢迄唐飛狐道考	頁 67-122+122_1	頁 24-75
廖伯源	試論西漢時期列侯與政治之關係	頁 123-162	頁 24-133
楊啟樵	雍正與年羹堯的恩怨轇轕	頁 163-198	頁 24-173
何漢威	晚清四川財政狀況的轉變	頁 199-348	頁 24-209
孫甄陶	讀羅著「國父家世源流考」存疑	頁 349-368	頁 24-361

第 25 冊・第 15 卷（1986 年 06 月）

作者	篇名	原刊本頁碼	景印本頁碼
余英時	壽錢賓四師九十		頁 25-7
鄭　騫	唐碑七種考證	頁 1-25	頁 25-13
潘重規	劉彥和佐僧祐撰述考	頁 27-48	頁 25-39
程兆熊	天台智顗之圓頓止觀與古本大學之知止知本	頁 49-68	頁 25-61
嚴耕望	唐代盟津以東黃河流程與津渡	頁 69-112+112_1	頁 25-81
柳存仁	元代蒙古人漢化問題及其漢化之程度	頁 113-200	頁 25-131
何沛雄	略論漢書所載錄的辭賦	頁 201-228	頁 25-219
孫國棟	讀兩唐書李渤傳書後	頁 229-238	頁 25-247
唐端正	荀學價值根源問題的探討	頁 239-252	頁 25-257
胡詠超	漢賦與漢政——論司馬相如辭賦之鳴國家之盛	頁 253-280	頁 25-271

作者	篇名	原刊本頁碼	景印本頁碼
金中樞	宋代的經學當代化初探續（上）——王昭素、柳仲塗、胡周父、附黃敏求等的經學	頁 281-298	頁 25-299
金中樞	宋代的經學當代化初探續（下）——崔頤正、邢叔明、附杜文周、孫宗古、馮道宗等的經學	頁 299-319	頁 25-317
曹仕邦	玄奘與義淨被尊稱「三藏法師」的原因試釋	頁 321-365	頁 25-339
楊啟樵	全謝山其人其事	頁 367-393	頁 25-385
杜德橋	廣異記初探	頁 395-414	頁 25-413
謝正光	清初所見「遺民錄」之編撰與流傳	頁 415-435	頁 25-433
莫廣銓	略述全謝山先生之歷史地理學	頁 437-450	頁 25-455
林燊祿	評梁方仲著《中國歷代戶口、田地、田賦統計》	頁 451-479	頁 25-469

第 26 冊 · 第 16 卷（上冊）（1991 年 10 月）

作者	篇名	原刊本頁碼	景印本頁碼
全漢昇	美洲白銀與明清間中國海外貿易的關係	頁 1-22	頁 26-13
饒宗頤	《郭之奇年譜》	頁 23-92	頁 26-35
鄺健行	桐城派前期作家對時文的觀點與態度	頁 93-113	頁 26-105
嚴耕望	錢穆賓四先生行誼述略	頁 115-132	頁 26-127
陳紹棠	采薇新探	頁 133-146	頁 26-145
李木妙	無錫榮氏的教育事業	頁 147-172	頁 26-159
勞延煊	關於虞集的二三事	頁 173-200	頁 26-185
劉國強	儒家倫理美德系統的詮釋及其與中國現代化之關係	頁 201-221	頁 26-213

作者	篇名	原刊本頁碼	景印本頁碼
林燊祿	明初四朝田賦的折納物	頁 223-272	頁 26-235

第 27 冊・第 16 卷（下冊）（1993 年 01 月）

作者	篇名	原刊本頁碼	景印本頁碼
嚴耕望	唐代海岱地區南北交通兩道	頁 1-32	頁 27-17
蘇慶彬	北魏之統治政策兼論州郡守宰之貪殘	頁 33-79	頁 27-49
孫國棟	西漢之丞相——讀史劄記一則	頁 81-97	頁 27-97
余英時	錢穆與新儒家	頁 99-128	頁 27-115
何沛雄	劉大櫆的古文理論	頁 129-140	頁 27-145
宋敘五	不管鹽，就沒有鹽吃嗎？——唐德剛教授〈不管鹽，便沒鹽吃〉讀後——	頁 141-156	頁 27-157
鄭潤培	清季漢陽鐵廠生產的研究	頁 157-183	頁 27-173
趙效宣	宋代烽燧制度	頁 185-235	頁 27-201
李啟文	漢書地理志梁國王都問題參論	頁 237-248	頁 27-253
陶國璋	王陽明哲學的體系性分析	頁 249-285	頁 27-265
曹仕邦	試論武則天女皇行事所受前代女中豪傑的影響	頁 287-299	頁 27-303
金中樞	北宋科舉正賜第人員任用制之形成續考	頁 301-333	頁 27-317

第 28 冊・第 17 卷（1994 年 08 月）

作者	篇名	原刊本頁碼	景印本頁碼
李木妙	國史大師錢穆教授生平及其著述	頁 1-184	頁 28-11
嚴耕望	唐代揚州南通大江三渠道	頁 185-236	頁 28-195
全漢昇	鴉片戰爭前的中英茶葉貿易	頁 237-255	頁 28-249

作者	篇名	原刊本頁碼	景印本頁碼
鄭永常	明嘉靖年間（1522-1542）中國對安南莫氏政權的處理政策	頁 257-281	頁 28-269
韋金滿	略論柳、蘇、周三家詞用韻之寬嚴	頁 283-296	頁 28-295
李龍華	播州事件——明代邊政之個案研究	頁 297-314	頁 28-309
趙效宣	從宋太祖崇儒看學風之產生	頁 315-383	頁 28-327
金達凱	中國學術思潮之流變	頁 385-436	頁 28-397
吳玉英	民族主義運動對南洋兄弟煙草公司的影響	頁 437-458	頁 28-449
謝興周	宋代轉運使之任用制度	頁 459-510	頁 28-471

第 29 冊 ・ 第 18 卷（1997 年 07 月）

作者	篇名	原刊本頁碼	景印本頁碼
嚴耕望	新舊兩唐書史料價值比論	頁 1-15+493	頁 29-13
廖伯源	嚴耕望先生學行事略	頁 17-21+494	頁 29-29
李啟文	敬悼　嚴歸田師	頁 23+495	頁 29-35
廖伯源	漢代使者考論之三——使者之信物與使者之性格	頁 25-47+496	頁 29-37
宋敘五	清初至乾嘉年間物價及工資的變動	頁 49-98+497	頁 29-61
李木妙	明清之際中國的海外貿易發展——以馬戛爾尼使華前的中英貿易為案例	頁 99-149+498-499	頁 29-111
張偉保	華北煤炭運輸體系的建立，1870-1937	頁 151-191+500	頁 29-163
李啟文	白狼水及石城川等五水圖說	頁 193-221+501	頁 29-205
謝興周	宋代轉運使之職權	頁 223-302+502-503	頁 29-235
陳佐舜	漢語數詞必須追上時代——兼論新數詞提案	頁 303-328+504	頁 29-315

作者	篇名	原刊本頁碼	景印本頁碼
韋金滿	從片玉集之小令看周邦彥詞之特色	頁 329-356+505	頁 29-341
陳德錦	中國現代鄉土散文初探	頁 357-372+506-507	頁 29-369
盧雪崑	論意志——康德道德哲學研究	頁 373-414+508	頁 29-385
陳沛然	《維摩詰經》之不二法門	頁 415-438+509	頁 29-427
吳　明	王弼、向、郭之「自然道德論」	頁 439-491+510	頁 29-451

第 30 冊・第 19 卷（1999 年 06 月）

作者	篇名	原刊本頁碼	景印本頁碼
李　杜	儒家人性說與 21 世紀的人類文化	頁 1-19	頁 30-9
劉國強	儒家思想與民主政治的一些反思	頁 21-32	頁 30-29
鄧立光	孔子形上思想新探	頁 33-44	頁 30-41
曹仕邦	于法開救治難產孕婦所牽涉的佛家戒律問題	頁 45-51	頁 30-53
韋金滿	略論李白五言律詩之格律	頁 53-82	頁 30-61
鄺健行	韓人李睟光《芝峰類說》解杜諸條析評	頁 83-121	頁 30-91
王　煜	清初哲人廖燕	頁 123-157	頁 30-131
李木妙	早期中美的貿易發展，1784-1860	頁 159-210	頁 30-167
陳群松	薛福成交游考	頁 211-226	頁 30-219
張偉保	抗戰前國民政府與煤炭工業，1928-1937	頁 227-278	頁 30-235
陶國璋	現代西方形上學的轉向	頁 279-294	頁 30-287

作者	篇名	原刊本頁碼	景印本頁碼

第 31 冊 · 第 20 卷（2000 年 08 月）

作者	篇名	原刊本頁碼	景印本頁碼
李　杜	從歷史性與理論性的了解去說儒學及其國際化	頁 1-32	頁 31-9
宗靜航	《毛傳》與《周禮》互見資料考	頁 33-64	頁 31-41
胡詠超	游國恩先生〈楚辭用夏正說〉補正——《史記・歷書》『三王之正若循環』考辯	頁 65-72	頁 31-73
韋金滿	試論屈原〈九歌〉〈九章〉之疊字及雙聲疊韻字	頁 73-100	頁 31-81
張仁青	蕭統之文學思想	頁 101-115	頁 31-109
李啟文	論「台」與「臺」之別——兼評中港臺三地印刷品「台」與「臺」之混淆	頁 117-135	頁 31-125
何冠環	曹利用（971-1029）之死	頁 137-195	頁 31-145
何廣棪	陳振孫生卒年新考	頁 197-204	頁 31-205
劉楚華	明清傳奇中的魂旦	頁 205-220	頁 31-213
蔡海雲	《拍案驚奇》是否凌濛初獨創	頁 221-232	頁 31-229
楊啟樵	小說、電影與歷史——評《雍正王朝》的謬言妄語	頁 233-259	頁 31-241

第 32 冊 · 第 21 卷（2001 年 11 月）

作者	篇名	原刊本頁碼	景印本頁碼
李　杜	儒學與近代西方的價值說述評	頁 1-59	頁 32-13
鄺健行	韓國漢城大學所藏《東詩叢話》簡介及其論中國人詩作與詩評析說	頁 61-79	頁 32-73
楊啟樵	雍正服餌丹藥暴亡新探	頁 81-96	頁 32-93

作者	篇名	原刊本頁碼	景印本頁碼
陳慈玉	戰前日本對華煤業投資的特徵	頁 97-112	頁 32-109
馮錦榮	「格義」與六朝《周易》義疏學——以日本奈良興福寺藏《講周易疏論家義記殘卷》為中心——	頁 113-136	頁 32-125
韋金滿	從趙翼《甌北詩話》論李白樂府詩之對偶	頁 137-163	頁 32-149
何廣棪	讀陳振孫《直齋書錄解題》札記	頁 165-188	頁 32-177
蔡海雲	《拍案驚奇》是否與凌氏編纂初衷旨趣相違	頁 189-200	頁 32-201
鄧立光	《老子》所反映的天道觀與政治理想	頁 201-215	頁 32-213
張偉保	明代江西役法之改革	頁 217-260	頁 32-229
李木妙	清末民初的實業救國浪潮，1895-1913	頁 261-283	頁 32-273
馮國強	粵北韶城粵語形成的歷史地理背景	頁 285-304	頁 32-297
劉衛林	蘇軾詩法不相妨說初探	頁 305-320	頁 32-317

第 33 冊 · 第 22 卷（2003 年 10 月）

孫國棟	珍重珍重——我對新亞校歌的體會	頁 1-10	頁 33-15
唐端正	荀子言「心可以知道」釋疑	頁 11-19	頁 33-25
陳啟雲	墨學「言・義」的哲理體系	頁 21-68	頁 33-35
楊啟樵	雍正私生活的窮奢極侈	頁 69-92	頁 33-83
蔡海雲	三十九卷本《拍案驚奇》對學界的影響	頁 93-99	頁 33-107
鄺健行	《清脾錄》作者與中國文士潘庭筠、李調元的情誼和文字交往	頁 101-117	頁 33-115
廖伯源	漢代郡縣鄉亭之等級	頁 119-133	頁 33-133

作者	篇名	原刊本頁碼	景印本頁碼
翟志成	中國現代學術典範的建立：救亡思潮和胡適的《中國哲學史大綱》	頁 135-200	頁 33-149
李金強	福建在國史上地位的分析	頁 201-230	頁 33-215
張偉國	司馬氏篡魏軍政憑藉考	頁 231-259	頁 33-245
黃兆強	二十五史編纂時間緩速比較研究——附清史稿	頁 261-302	頁 33-275
李木妙	海上絲路與環球貿易——以十六至十八世紀中國海外貿易為案例	頁 303-356	頁 33-317
韋金滿	近三百年嶺南十家詞選析	頁 357-377	頁 33-371
鄧國光	杜佑《通典》的經世本質	頁 379-397	頁 33-393
朱少璋	論新詩人兼作舊體詩的原因	頁 399-455	頁 33-413
鄭永常	明太祖朝貢貿易體制的建構與挫折	頁 457-498	頁 33-471
何廣棪	東晉釋道安對佛經辨偽學之開創及其成就與影響	頁 499-516	頁 33-513
鄧立光	修真與體道——陳希夷「無極圖」與周濂溪「太極圖」闡微	頁 517-535	頁 33-531

第 34 冊 · 第 23 卷（2005 年 01 月）

作者	篇名	原刊本頁碼	景印本頁碼
李學銘	陳援庵先生「通史致用」析論	頁 1-32	頁 34-9
陳慈玉	日本殖民時代臺灣與朝鮮之礦業發展	頁 33-72	頁 34-41
葉其忠	重探所謂「胡適博士學位問題」四種類型的論證	頁 73-123	頁 34-81
龔道運	基督教和儒教在十九世紀的接觸——基督教入南洋先驅米憐研究	頁 125-166	頁 34-133

作者	篇名	原刊本頁碼	景印本頁碼
盧鳴東	取象釋禮：張惠言《虞氏易禮》中的《公羊》思想	頁 167-192	頁 34-175
韋金滿	淺談郭璞〈游仙詩〉之形式美	頁 193-219	頁 34-201
李銳清	明代「格律派」之格律詩說及其理論發展	頁 221-262	頁 34-229
嚴壽澂	蕙風詞論詮說：詞格詞心與性情襟抱	頁 263-297	頁 34-271
楊啟樵	瀛海奇譚：雍正有個竺皇后——三評《紅樓解夢》	頁 299-323	頁 34-307
劉楚華	《聊齋誌異》的述鬼謀略	頁 325-346	頁 34-333
朱少璋	論舊體詩與新文學之關係	頁 347-384	頁 34-355
孔炳奭	《禮記》與《墨子》喪葬觀的異同	頁 385-425	頁 34-393

第 35 冊・第 24 卷（2006 年 01 月）

作者	篇名	原刊本頁碼	景印本頁碼
蔡仁厚	牟宗三先生的自述與論贊	頁 1-15	頁 35-9
周群振	人生哲學之二門——唯心與唯物（從當今世代病象的治療起念〔推徵 牟師宗三先生哲思勉作〕）	頁 17-40	頁 35-25
楊祖漢	關於牟宗三先生的哲學方法論問題	頁 41-58	頁 35-49
陶國璋	牟宗三先生對西方人文主義的論述	頁 59-80	頁 35-67
吳　明	牟宗三先生論家庭、國家、天下——從牟先生的共產主義批判說起	頁 81-105	頁 35-89
李淳玲	牟宗三與康德哲學〔三〕：康德的「先驗哲學」是「圓教」嗎	頁 107-157	頁 35-115
盧雪崑	就牟宗三先生對康德自由學說之批評提出商榷	頁 159-179	頁 35-167

作者	篇名	原刊本頁碼	景印本頁碼
李學銘	清宮診病制度與一個地方醫生應詔北行的短期生活——薛寶田《北行日記》讀後	頁 181-200	頁 35-189
翟志成	中國傳統道德的新詮釋：論《新世訓》的「尊理性」與「行忠恕」	頁 201-240	頁 35-209
陳慈玉	近代臺灣的鹽業與鹼業：技術移轉與產業轉型的一個案	頁 241-290	頁 35-249
龔道運	基督教和儒教在十九世紀的接觸：基督教入南洋和中國先驅麥都思研究（上）	頁 291-326	頁 35-299
宋敘五 趙善軒	包世臣的貨幣思想	頁 327-355	頁 35-335
何廣棪	翁方綱與《四庫全書》	頁 357-373	頁 35-365
吳淑鈿	宋代題畫詩的文化精神——以黃庭堅及陳與義詩為例	頁 375-388	頁 35-383
劉衛林	李白與北宗禪	頁 389-401	頁 35-397
朱少璋	現代新詩人舊體詩的「承繼」與「創新」	頁 403-448	頁 35-411

第 36 冊 · 第 25 卷（2007 年 01 月）

作者	篇名	原刊本頁碼	景印本頁碼
李學銘	王世襄與中國傳統工藝美術	頁 1-38	頁 36-9
龔道運	基督教和儒教在十九世紀的接觸：基督教入南洋和中國先驅麥都思研究（下）	頁 39-73	頁 36-47
翟志成	論《新世訓》對中庸之道的新詮釋	頁 75-130	頁 36-83
盧雪崑	康德的形而上學新論	頁 131-175	頁 36-139
莫詒謀	德里達（Derrida）與柏拉圖（Platon）的文字遊戲	頁 177-203	頁 36-185
何廣棪	吳敬恆與丁福保之學術情誼	頁 205-223	頁 36-213

作者	篇名	原刊本頁碼	景印本頁碼
盧鳴東	劉沅禮學中的儒道關係	頁 225-255	頁 36-233
方志恩	從來是拾得，不是偶然稱——唐白話詩僧拾得生平年代考略	頁 257-278	頁 36-265
柯萬成	韓愈貶潮行跡與三詩繫年新論	頁 279-295	頁 36-287
劉衛林	日本天理圖書館所藏宋刊《劉夢得文集》流傳考略	頁 297-309	頁 36-305
馮志弘	楊億與北宋詩文革新	頁 311-355	頁 36-319
馬顯慈	從修辭格的運用看《三國》《水滸》之文藝特色	頁 357-384	頁 36-365
朱少璋	風格之確立與藝術之表現——現代新詩人舊體詩十二家選評	頁 385-434	頁 36-393

第 37 冊・第 26 卷（2008 年 01 月）

作者	篇名	原刊本頁碼	景印本頁碼
何廣棪	明清學者補《元史藝文志》考	頁 1-36	頁 37-9
洪武雄	蜀漢將軍的班位及其散職化傾向——兼論監軍、護軍、典軍及軍師、領軍	頁 37-99	頁 37-45
李學銘	《楚辭》研究的「內學」和「外學」	頁 101-124	頁 37-109
翟志成	文化激進主義 VS. 文化保守主義：胡適與港臺新儒家	頁 125-196	頁 37-133
盧雪崑	評黑格爾對康德自由學說的批評	頁 197-257	頁 37-205
董就雄	論屈大均對明代主要詩論之繼承與修正	頁 259-309	頁 37-267
鄺健行	清人李調元有關朝鮮人著述二題	頁 311-346	頁 37-319
劉衛林	蘇軾詩對陳寅恪先生詩作與晚年心境之影響	頁 347-368	頁 37-355
朱少璋	新詩人舊體詩的文學價值與研究價值	頁 369-416	頁 37-377

作者	篇名	原刊本頁碼	景印本頁碼
馬顯慈	王筠《說文解字句讀》的字形研究	頁 417-466	頁 37-425

第 38 冊 ・ 第 27 卷（2009 年 02 月）

作者	篇名	原刊本頁碼	景印本頁碼
李學銘	陳援庵先生與史書要刪	頁 1-18	頁 38-9
何廣棪	經史學家楊筠如事迹繫年	頁 19-52	頁 38-27
陳慈玉	連續與斷裂：二十世紀的臺灣煤礦業	頁 53-101	頁 38-61
葉其忠	無方之方：胡適一輩子談治學與科學方法平議	頁 103-203	頁 38-111
屈大成	中國初傳佛教圖像述評	頁 205-236	頁 38-213
莫詒謀	論盧梭（Rousseau）的民主	頁 237-260	頁 38-245
盧雪崑	從康德所論物自身不可認知及超越的自由之宇宙論意義看道家言道及道心之自由義	頁 261-280	頁 38-269
劉桂標	論胡五峰的本體論	頁 281-298	頁 38-289
馬顯慈	王筠《說文句讀》字音研究論釋	頁 299-332	頁 38-307
朱少璋	南社詩歌理論研究	頁 333-425	頁 38-341

第 39 冊 ・ 第 28 卷（2010 年 03 月）

作者	篇名	原刊本頁碼	景印本頁碼
蔡仁厚	當代新儒家的興起及其文化貢獻——紀念唐君毅、牟宗三二先生誕生百周年	頁 1-11	頁 39-9
李瑞全	唐、牟二先生之陽明學——兼論朱陸異同	頁 13-23	頁 39-21
黃兆強	〈中國文化與世界宣言〉之啟示——論聯署發表及共同參與撰寫之意義	頁 25-46	頁 39-33
岑詠芳	法國新儒家領域之研究	頁 47-66	頁 39-55

作者	篇名	原刊本頁碼	景印本頁碼
李潤生	唐、牟二師對禪學開顯的處理述異	頁 67-88	頁 39-75
吳　明	從佛教體用義之衡定看唐、牟之分判儒佛	頁 89-109	頁 39-97
鄭炯堅	唐、牟二先生論荀子	頁 111-120	頁 39-119
黃漢光	讀唐君毅《大學》改本	頁 121-137	頁 39-129
劉國強	唐君毅先生的文化理想與實踐	頁 139-153	頁 39-147
張　倩	唐君毅論荀子之統類心	頁 155-169	頁 39-163
柯萬成	忠義與報恩：中國祠廟文化的教育意義——以臺灣韓文公祠為例	頁 171-182	頁 39-179
李學銘	讀唐君毅先生《日記》叢札	頁 183-201	頁 39-191
楊祖漢	比較牟宗三先生對天台圓教及郭象玄學的詮釋	頁 203-221	頁 39-211
李淳玲	牟宗三先生的存有論意識——從《五十自述》第三章「直覺的解悟」談起	頁 223-238	頁 39-231
盧雪崑	理智的直觀與智的直覺	頁 239-260	頁 39-247
陳敏華	據牟宗三先生的觀點判辨劉宗周的「意體」	頁 261-281	頁 39-269
劉衛林	牟宗三先生詩學格調說管窺	頁 283-299	頁 39-291
宋敘五	牟宗三先生論政道與治道	頁 301-308	頁 39-309
何廣棪	《乾隆石經》考述	頁 309-340	頁 39-317
李學銘	論東漢之「事歸臺閣」與「權移外戚」	頁 341-366	頁 39-349
陳慈玉	香蕉、茶葉與臺日貿易	頁 367-406	頁 39-375
葉其忠	張君勱之非理性主義、反理性主義與浪漫主義及其自我反省	頁 407-489	頁 39-415

作者	篇名	原刊本頁碼	景印本頁碼
盧鳴東	陳柱《公羊》學中的反戰論	頁 491-511	頁 39-499
朱少璋	〈賀萬壽詩〉之異文、用韻與修辭——以越南文獻為考察焦點	頁 513-535	頁 39-521
宗靜航	讀阮刻本《尚書注疏》——兼論相關問題	頁 537-567	頁 39-545
馬顯慈	王筠《說文句讀》字義研究闡釋	頁 569-608	頁 39-577

第 40 冊 · 第 29 卷（2011 年 03 月）

作者	篇名	原刊本頁碼	景印本頁碼
李學銘	東漢中央集議制度之探討	頁 1-64	頁 40-9
陳慈玉	日治時期臺灣對日貿易與出口產業	頁 65-141	頁 40-73
何廣棪	讀章太炎先生〈原儒〉札記	頁 143-154	頁 40-151
翟志成	王國維尋死原因三說質疑	頁 155-196	頁 40-163
莫詒謀	尼采（Nietzsche）的偶像	頁 197-218	頁 40-205
屈大成	道宣的戒體論	頁 219-248	頁 40-227
陳學然	見道行事：唐君毅先生的續統思想	頁 249-286	頁 40-257
詹杭倫	晚清至民國一部流行的賦集——論夏思沺的《少嵒賦草》	頁 287-303	頁 40-295
劉衛林	盛唐詩的超越——蘇軾與嚴羽詩學理想追求的比較	頁 305-324	頁 40-313
鄺健行	當代詩賦寫作述論二題	頁 325-352	頁 40-333

第 41 冊 · 第 30 卷（2012 年 5 月）

作者	篇名	原刊本頁碼	景印本頁碼
勞悅強	「聞道」並非「達道」——廖名春教授〈《論語》「朝聞道，夕死可矣」章新釋〉讀後	頁 1-14	頁 41-9

作者	篇名	原刊本頁碼	景印本頁碼
廖伯源	漢武帝朝末期之政治局勢及昭帝繼承之問題	頁 15-59	頁 41-23
伍煥堅	啖助學派詮釋經傳方法析論	頁 61-84	頁 41-69
劉衛林	皎然詩境說與蘇軾詩禪觀念的源出	頁 85-98	頁 41-93
何冠環	北宋外戚將門開封浚儀石氏第三代傳人石元孫事蹟考述	頁 99-161	頁 41-107
朱鴻林	明隆慶年間李材所述廣東西部地方亂狀	頁 163-205	頁 41-171
何廣棪	葉德輝致孫毓修未刊書札十通考述	頁 207-246	頁 41-215
陳慈玉	中國東北的水泥產業（1905-1945）	頁 247-300	頁 41-255
李學銘	史學家陳援庵先生藝文考略	頁 301-340	頁 41-309
翟志成	反思二十世紀七十年代大陸批孔運動	頁 341-403	頁 41-349

分類索引

分類	頁碼

1 總類 37

1.1 漢學 37

1.1.1 國際漢學 37

1.2 圖書學 37

1.2.1 古籍源流 37

1.2.2 古籍版本 37

1.2.3 校勘考證 38

1.2.4 箋釋補注 39

1.2.5 出版序跋 40

1.2.6 讀書筆記 40

1.2.7 四庫全書 42

1.3 治學方法 42

1.4 學界動態 43

2 經學 43

2.1 通論 43

2.2 經學史 43

2.3 易 44

2.4 書 44

2.5 詩 44

2.6 禮 44

2.7 春秋 45

2.8 四書 45

2.9 朱子學 45

3 史學 46

3.1 史地通論 46

3.1.1 史學史 46

3.1.2 古代地理 46

3.1.3 社會科學 47

3.2 政治史 47

3.2.1 漢及三國 47

3.2.2 魏晉南北朝 47

3.2.3 唐及五代 48

3.2.4 宋及遼金元 48

3.2.5 明 49

3.2.6 清 49

3.3 制度史 49

分類	頁碼	分類	頁碼
3.3.1 政治	49	3.6.2 唐代	57
3.3.2 文官	50	3.6.3 明代	58
3.3.3 科舉	51	3.7 社會史	58
3.3.4 軍事	52	3.7.1 通論	58
3.4 經濟史	52	3.7.2 唐代	58
3.4.1 西漢	52	3.7.3 元代	59
3.4.2 宋代	53	3.7.4 明代	59
3.4.3 明代	53	3.7.5 清代	59
3.4.4 清代	54	3.8 學術史	59
3.4.5 民國	54	3.8.1 魏晉南北朝	59
3.4.6 臺灣	55	3.8.2 宋代	60
3.5 軍事史	55	3.8.3 元代	60
3.5.1 先秦	55	3.8.4 清代	60
3.5.2 魏晉南北朝	56	3.9 人物傳記	60
3.5.3 唐代	56	3.9.1 東晉	60
3.5.4 宋代	56	3.9.2 唐	61
3.5.5 清代	56	3.9.3 北宋	61
3.6 交通史	56	3.9.4 南宋	61
3.6.1 秦、漢、三國	56	3.9.5 元	61

分類	頁碼
3.9.6 明	62
3.9.7 清	62
3.9.8 民國	62
3.9.9 譜系	63
4 哲學	64
4.1 中國哲學	64
4.1.1 通論	64
4.1.2 先秦諸子	65
4.1.3 宋明理學	66
4.1.4 清代	67
4.1.5 新儒學	67
4.2 西洋哲學	69
4.2.1 思想概說	69
4.2.2 古代哲學	70
4.2.3 德奧哲學	70
4.3 佛教	70
4.3.1 佛教史	70
4.3.2 天臺宗	71
4.3.3 成實宗	72
4.3.4 唯識宗	72
4.3.5 禪宗	72
4.4 道教	72
4.4.1 道教史	72
4.5 基督教	73
4.5.1 宗教交流	73
5 文學	73
5.1 文學史	73
5.1.1 先秦	73
5.1.2 魏晉南北朝	74
5.1.3 唐代	74
5.1.4 北宋	74
5.1.5 民國	74
5.2 楚辭	74
5.3 辭賦	75
5.3.1 漢賦	75
5.3.2 民國	75

分類	頁碼
5.4 古典文學	75
5.4.1 唐代	75
5.4.2 宋代	75
5.4.3 清代	75
5.5 古典詩學	76
5.5.1 漢代	76
5.5.2 魏晉南北朝	76
5.5.3 唐代	76
5.5.4 宋代	76
5.5.5 明代	77
5.5.6 清代	77
5.5.7 民國	77
5.5.8 朝鮮	78
5.6 詞學	78
5.6.1 歷代	78
5.6.2 唐代	78
5.6.3 宋代	78
5.6.4 清代	78
5.7 俗文學	79
5.7.1 唐代	79
5.7.2 元代	79
5.7.3 明代	79
5.8 現代文學	80
5.8.1 詩	80
5.8.2 小說	80
5.8.3 散文	80
5.9 修辭學	81
5.9.1 詩	81
5.9.2 小說	81
6 小學	81
6.1 文字學	81
6.1.1 文字學史	81
6.1.2 說文解字	81
6.1.3 其他	82
6.2 語言學	82
6.3 敦煌學	82
7 其他	83

序號	作者	篇名	卷期	出版日期	原刊本頁碼	景印本頁碼

1 總類

1.1 漢學

1.1.1 國際漢學

序號	作者	篇名	卷期	出版日期	原刊本頁碼	景印本頁碼
0 0 1	王德昭	服爾德著作中所見之中國	9卷2期	1970年09月	頁171-206	頁18-187
0 0 2	岑詠芳	法國新儒家領域之研究	28卷	2010年03月	頁47-66	頁39-55

1.2 圖書學

1.2.1 古籍源流

序號	作者	篇名	卷期	出版日期	原刊本頁碼	景印本頁碼
0 0 3	謝正光	清初所見「遺民錄」之編撰與流傳	15卷	1986年06月	頁415-435	頁25-433
0 0 4	羅炳綿	史籍考修纂的探討（上）	6卷1期	1964年02月	頁367-371+373-414	頁11-381
0 0 5	羅炳綿	史籍考修纂的探討（下）	7卷1期	1965年02月	頁411-455	頁13-417

1.2.2 古籍版本

序號	作者	篇名	卷期	出版日期	原刊本頁碼	景印本頁碼
0 0 6	杜德橋	西遊記祖本考的再商榷	6卷2期	1964年08月	頁497-519	頁12-503
0 0 7	柳存仁	四遊記的明刻本——倫敦所見中國小說書目提要之一	5卷2期	1960年08月	頁323-375	頁10-329
0 0 8	劉衛林	日本天理圖書館所藏宋刊《劉夢得文集》流傳考略	25卷	2007年01月	頁297-309	頁36-305

序號	作者	篇名	卷期	出版日期	原刊本頁碼	景印本頁碼
009	潘重規	高鶚補作紅樓夢後四十的商榷	8卷1期	1967年02月	頁367-382	頁15-375

1.2.3 校勘考證

序號	作者	篇名	卷期	出版日期	原刊本頁碼	景印本頁碼
010	何廣棪	明清學者補《元史藝文志》考	26卷	2008年01月	頁1-36	頁37-9
011	何廣棪	《乾隆石經》考述	28卷	2010年03月	頁309-340	頁39-317
012	何廣棪	葉德輝致孫毓修未刊書札十通考述	30卷	2012年5月	頁207-246	頁41-215
013	潘重規	劉彥和佐僧祐撰述考	15卷	1986年06月	頁27-48	頁25-39
014	中野美代子	帝師八思巴行狀校證	9卷1期	1969年06月	頁93-119	頁17-105
015	余英時	戴震與清代考證學風	11卷（下冊）	1976年03月	頁437-492	頁21-457
016	李學智	金史語解正誤初稿	5卷2期	1960年08月	頁377-429	頁10-383
017	孫國棟	唐書宰相表初校	2卷1期	1956年08月	頁307-359	頁3-311
018	鄭　騫	唐碑七種考證	15卷	1986年06月	頁1-25	頁25-13
019	羅炳綿	錢竹汀的校勘學和同時代藏書家	8卷2期	1968年08月	頁179-288	頁16-187
020	嚴耕望	舊唐書本紀拾誤	2卷1期	1956年08月	頁215-217+219-306	頁3-219

序號	作者	篇名	卷期	出版日期	原刊本頁碼	景印本頁碼
0 2 1	饒宗頤	敦煌本文選斠證（一）	3 卷 1 期	1957 年 08 月	頁 333-403	頁 5-339
0 2 2	饒宗頤	敦煌本文選斠證（二）	3 卷 2 期	1957 年 08 月	頁 305-328+ a5-a8	頁 6-311
0 2 3	何廣棪	東晉釋道安對佛經辨偽學之開創及其成就與影響	22 卷	2003 年 10 月	頁 499-516	頁 33-317
0 2 4	施之勉	漢書補注辨正（卷一）（卷二）（卷三）	1 卷 2 期	1956 年 02 月	頁 83-206	頁 2-87
0 2 5	施之勉	漢書補注辨正（卷四）（卷五）（補遺）	2 卷 1 期	1956 年 08 月	頁 73-214	頁 3-77
0 2 6	孫甄陶	讀羅著「國父家世源流考」存疑	14 卷	1984 年 08 月	頁 349-368	頁 24-361
0 2 7	饒宗頤	華梵經疏體例同異析疑	7 卷 2 期	1966 年 08 月	頁 197-210	頁 14-203

1.2.4 箋釋補注

序號	作者	篇名	卷期	出版日期	原刊本頁碼	景印本頁碼
0 2 8	何佑森	元史藝文志補注（卷一）	2 卷 2 期	1957 年 02 月	頁 115-270	頁 4-121
0 2 9	何佑森	元史藝文志補注（卷二）	3 卷 2 期	1957 年 08 月	頁 231-304	頁 6-237
0 3 0	柳存仁	墨經箋疑（上）	6 卷 1 期	1964 年 02 月	頁 45-53+ 55-139	頁 11-51
0 3 1	柳存仁	墨經箋疑（下）	7 卷 1 期	1965 年 02 月	頁 1-5+7-134	頁 13-7

序號	作者	篇名	卷期	出版日期	原刊本頁碼	景印本頁碼
0 3 2	曹仕邦	論中國佛教譯場之譯經方式與程序	5 卷 2 期	1960 年 08 月	頁 239-321	頁 10-245

1.2.5 出版序跋

序號	作者	篇名	卷期	出版日期	原刊本頁碼	景印本頁碼
0 3 3	杜維運	廿二史劄記考證序言	2 卷 2 期	1957 年 02 月	頁 301-436	頁 4-309
0 3 4	杜聯喆	跋皇明進士登科考	6 卷 1 期	1964 年 02 月	頁 487-494	頁 11-501
0 3 5		發刊辭	1 卷 1 期	1955 年 08 月	頁 a1-a8	頁 1-3
0 3 6	潘重規	國立中央圖書館所藏燉煌卷子題記	8 卷 2 期	1968 年 08 月	頁 321-373+374_1-374_16	頁 16-329

1.2.6 讀書筆記

序號	作者	篇名	卷期	出版日期	原刊本頁碼	景印本頁碼
0 3 7	何廣棪	讀陳振孫《直齋書錄解題》札記	21 卷	2001 年 11 月	頁 165-188	頁 32-177
0 3 8	何廣棪	讀章太炎先生〈原儒〉札記	29 卷	2011 年 03 月	頁 143-154	頁 40-151
0 3 9	宋敘五	不管鹽，就沒有鹽吃嗎？——唐德剛教授〈不管鹽，便沒鹽吃〉讀後——	16 卷（下冊）	1993 年 01 月	頁 141-156	頁 27-157
0 4 0	李學銘	讀後漢書劄記	10 卷 1 期（下冊）	1973 年 07 月	頁 185-205	頁 20-191
0 4 1	李學銘	清宮診病制度與一個地方醫生應詔北行的短期生活——薛寶田《北行日記》讀後	24 卷	2006 年 01 月	頁 181-200	頁 35-189

序號	作者	篇名	卷期	出版日期	原刊本頁碼	景印本頁碼
042	李學銘	讀唐君毅先生《日記》叢札	28卷	2010年03月	頁183-201	頁39-191
043	林燊祿	評梁方仲著《中國歷代戶口、田地、田賦統計》	15卷	1986年06月	頁451-479	頁25-469
044	孫國棟	讀兩唐書李渤傳書後	15卷	1986年06月	頁229-238	頁25-247
045	孫國棟	西漢之丞相——讀史記一則	16卷（下冊）	1993年01月	頁81-97	頁27-97
046	孫國棟	珍重珍重——我對新亞校歌的體會	21卷	2003年10月	頁1-10	頁33-413
047	勞悅強	「聞道」並非「達道」——廖名春教授〈《論語》「朝聞道，夕死可矣」章新釋〉讀後	30卷	2012年5月	頁1-14	頁41-9
048	黃兆強	〈中國文化與世界宣言〉之啟示——論聯署發表及共同參與撰寫之意義	28卷	2010年03月	頁25-46	頁39-33
049	黃漢光	讀唐君毅《大學》改本	28卷	2010年03月	頁121-137	頁39-129
050	楊啟樵	小說、電影與歷史——評《雍正王朝》的謬言妄語	20卷	2000年08月	頁233-259	頁31-241
051	楊啟樵	瀛海奇譚：雍正有個竺皇后——三評《紅樓解夢》	23卷	2005年01月	頁299-323	頁34-307
052	翟志成	中國現代學術典範的建立：救亡思潮和胡適的《中國哲學史大綱》	22卷	2003年10月	頁135-200	頁33-149

序號	作者	篇名	卷期	出版日期	原刊本頁碼	景印本頁碼
053	錢　穆	讀文選	3卷2期	1957年08月	頁1-33	頁6-7
054	錢　穆	讀柳宗元集	3卷2期	1957年08月	頁35-44	頁6-41
055	錢　穆	讀姚炫唐文粹	3卷2期	1957年08月	頁45-51	頁6-51
056	錢　穆	讀明初開國諸臣詩文集	6卷2期	1964年08月	頁243+245-326	頁12-249
057	鄺健行	清人李調元有關朝鮮人著述二題	26卷	2008年01月	頁311-346	頁37-319
058	嚴耕望	新舊兩唐書史料價值比論	18卷	1997年07月	頁1-15+493	頁29-13

1.2.7 四庫全書

序號	作者	篇名	卷期	出版日期	原刊本頁碼	景印本頁碼
059	何廣棪	翁方綱與《四庫全書》	24卷	2006年01月	頁357-373	頁35-365

1.3 治學方法

序號	作者	篇名	卷期	出版日期	原刊本頁碼	景印本頁碼
060	徐復觀	史漢比較研究之一例	13卷	1980年06月	頁1-79	頁23-11
061	勞　榦	修正殷歷譜的新觀念和新設計	14卷	1984年08月	頁1-66	頁24-7
062	葉其忠	無方之方：胡適一輩子談治學與科學方法平議	27卷	2009年02月	頁103-203	頁38-111
063	羅炳綿	章實齋對清代學者的譏評	8卷1期	1967年02月	頁297-365	頁15-305

序號	作者	篇名	卷期	出版日期	原刊本頁碼	景印本頁碼

1.4 學界動態

序號	作者	篇名	卷期	出版日期	原刊本頁碼	景印本頁碼
064	李啟文	敬悼　嚴歸田師	18卷	1997年07月	頁23+495	頁29-35
065	葉其忠	重探所謂「胡適博士學位問題」四種類型的論證	23卷	2005年01月	頁73-123	頁34-81

2 經學

2.1 通論

序號	作者	篇名	卷期	出版日期	原刊本頁碼	景印本頁碼
066	牟潤孫	論儒釋兩家之講經與義疏	4卷2期	1960年02月	頁353-415	頁8-361
067	宗靜航	《毛傳》與《周禮》互見資料考	20卷	2000年08月	頁33-64	頁31-41

2.2 經學史

序號	作者	篇名	卷期	出版日期	原刊本頁碼	景印本頁碼
068	金中樞	宋代的經學當代化初探續（上）——王昭素、柳仲塗、胡周父、附黃敏求等的經學	15卷	1986年06月	頁281-298	頁25-299
069	金中樞	宋代的經學當代化初探續（下）——崔頤正、邢叔明、附杜文周、孫宗古、馮道宗等的經學	15卷	1986年06月	頁299-319	頁25-317

序號	作者	篇名	卷期	出版日期	原刊本頁碼	景印本頁碼

2.3 易

序號	作者	篇名	卷期	出版日期	原刊本頁碼	景印本頁碼
070	馮錦榮	「格義」與六朝《周易》義疏學——以日本奈良興福寺藏《講周易疏論家義記殘卷》為中心——	21卷	2001年11月	頁113-136	頁32-125
071	劉百閔	易事理學序論	1卷1期	1955年08月	頁99-133	頁1-113
072	劉百閔	易事理學的第一原理	4卷2期	1960年02月	頁1-64	頁8-9

2.4 書

序號	作者	篇名	卷期	出版日期	原刊本頁碼	景印本頁碼
073	宗靜航	讀阮刻本《尚書注疏》——兼論相關問題	28卷	2010年03月	頁537-567	頁39-545

2.5 詩

序號	作者	篇名	卷期	出版日期	原刊本頁碼	景印本頁碼
074	陳紹棠	采薇新探	16卷(上冊)	1991年10月	頁133-146	頁26-145
075	錢　穆	讀詩經	5卷1期	1960年08月	頁1-48	頁9-7

2.6 禮

序號	作者	篇名	卷期	出版日期	原刊本頁碼	景印本頁碼
076	孔炳奭	《禮記》與《墨子》喪葬觀的異同	23卷	2005年01月	頁385-425	頁34-393
077	盧鳴東	劉沅禮學中的儒道關係	25卷	2007年01月	頁225-255	頁36-233

2.7 春秋

序號	作者	篇名	卷期	出版日期	原刊本頁碼	景印本頁碼
0 7 8	伍煥堅	啖助學派詮釋經傳方法析論	30卷	2012年05月	頁61-84	頁41-69
0 7 9	牟潤孫	春秋時代之母系遺俗公羊證義	1卷1期	1955年	頁381-383+385-421	頁1-393
0 8 0	陳慶新	宋儒春秋尊王要義的發微與其政治思想（上）	10卷1期(上冊)	1971年12月	頁269-368	頁19-277
0 8 1	盧鳴東	取象釋禮：張惠言《虞氏易禮》中的《公羊》思想	23卷	2005年01月	頁167-192	頁34-175
0 8 2	盧鳴東	陳柱《公羊》學中的反戰論	28卷	2010年03月	頁491-511	頁39-499

2.8 四書

序號	作者	篇名	卷期	出版日期	原刊本頁碼	景印本頁碼
0 8 3	牟潤孫	釋論語狂簡義	2卷2期	1957年02月	頁79-86	頁4-85
0 8 4	錢　穆	本論語論孔學	2卷1期	1956年08月	頁1-23	頁3-5

2.9 朱子學

序號	作者	篇名	卷期	出版日期	原刊本頁碼	景印本頁碼
0 8 5	趙效宣	朱子家學與師承	9卷1期	1969年06月	頁223-241	頁17-237
0 8 6	錢　穆	朱子與校勘學	2卷2期	1957年02月	頁87-113	頁4-41

序號	作者	篇名	卷期	出版日期	原刊本頁碼	景印本頁碼
087	錢　穆	朱子學流衍韓國考	12卷	1977年08月	頁1-69	頁22-5

3 史學

3.1 史地通論

3.1.1 史學史

序號	作者	篇名	卷期	出版日期	原刊本頁碼	景印本頁碼
088	李金強	福建在國史上地位的分析	22卷	2003年10月	頁201-230	頁33-371
089	徐復觀	原史——由宗教通向人文的史學的成立	12卷	1977年08月	頁71-142	頁22-75
090	莊　申	王維在山水畫史中地位演變的分析	7卷2期	1966年08月	頁293-321	頁14-299
091	羅炳綿	梁啟超對中國史學研究的創新	10卷1期（上冊）	1971年12月	頁145-268	頁19-153
092	蘇慶彬	章實齋史學溯源	8卷2期	1968年08月	頁375-412	頁16-399

3.1.2 古代地理

序號	作者	篇名	卷期	出版日期	原刊本頁碼	景印本頁碼
093	李啟文	漢書地理志梁國王都問題參論	16卷（下冊）	1993年01月	頁237-248	頁27-253
094	李啟文	白狼水及石城川等五水圖說	18卷	1997年07月	頁193-221+501	頁29-205
095	陳正祥	唐代的黃河與汴河	11卷（下冊）	1976年03月	頁419-436+436_1	頁21-435

序號	作者	篇名	卷期	出版日期	原刊本頁碼	景印本頁碼

3.1.3 社會科學

序號	作者	篇名	卷期	出版日期	原刊本頁碼	景印本頁碼
096	余　煒	一六〇三年菲律賓華僑慘殺案始末	9卷2期	1970年09月	頁97-167+169-170	頁18-113
097	吳玉英	民族主義運動對南洋兄弟煙草公司的影響	17卷	1994年08月	頁437-458	頁28-449
098	翟志成	魯迅與胡風之反控制爭	12卷	1977年08月	頁243-336	頁22-247
099	翟志成	胡風及胡風集團重要成員歷略	13卷	1980年06月	頁495-586	頁23-511
100	翟志成	反思二十世紀七十年代大陸批孔運動	30卷	2012年5月	頁341-403	頁41-349

3.2 政治史

3.2.1 漢及三國

序號	作者	篇名	卷期	出版日期	原刊本頁碼	景印本頁碼
101	張偉國	司馬氏篡魏軍政憑藉考	22卷	2003年10月	頁231-259	頁33-245
102	廖伯源	漢武帝朝末期之政治局勢及昭帝繼承之問題	30卷	2012年5月	頁15-59	頁41-23
103	龐聖偉	論三國時代之大族	6卷1期	1964年02月	頁141-143+145-204	頁11-147

3.2.2 魏晉南北朝

序號	作者	篇名	卷期	出版日期	原刊本頁碼	景印本頁碼
104	逯耀東	拓拔氏與中原士族的婚姻關係	7卷1期	1965年02月	頁135-211	頁13-141

序號	作者	篇名	卷期	出版日期	原刊本頁碼	景印本頁碼
105	逯耀東	從北魏前期的文化與政治形態論崔浩之死（上）	7卷2期	1966年08月	頁1-46	頁14-7
106	逯耀東	北魏孝文帝遷都與其家庭悲劇	8卷2期	1968年08月	頁127-157	頁16-13
107	蘇慶彬	元魏北齊北周政權下漢人勢力之推移	6卷2期	1964年08月	頁63-161	頁12-69

3.2.3 唐及五代

序號	作者	篇名	卷期	出版日期	原刊本頁碼	景印本頁碼
108	章　羣	論唐開元前的政治集團	1卷2期	1956年02月	頁281-303	頁2-291
109	鄧國光	杜佑《通典》的經世本質	22卷	2003年10月	頁379-397	頁33-393

3.2.4 宋及遼金元

序號	作者	篇名	卷期	出版日期	原刊本頁碼	景印本頁碼
110	湯承業	論范仲淹的政治主張與政治思想	11卷（下冊）	1976年03月	頁493-540	頁21-513
111	黄漢超	宋神宗實錄前後改修之分析（上）	7卷1期	1965年02月	頁363-409	頁13-373
112	黄漢超	宋神宗實錄前後改修之分析（下）	7卷2期	1966年08月	頁157-195	頁14-163
113	黄漢超	宋代禁止實錄流佈之原因	8卷2期	1968年08月	頁159-178	頁16-167

序號	作者	篇名	卷期	出版日期	原刊本頁碼	景印本頁碼

3.2.5 明

序號	作者	篇名	卷期	出版日期	原刊本頁碼	景印本頁碼
114	鄭永常	明嘉靖年間（1522-1542）中國對安南莫氏政權的處理政策	17卷	1994年08月	頁257-281	頁28-269

3.2.6 清

序號	作者	篇名	卷期	出版日期	原刊本頁碼	景印本頁碼
115	楊啟樵	雍正服餌丹藥暴亡新探	21卷	2001年11月	頁81-96	頁32-93
116	楊啟樵	雍正私生活的窮奢極侈	22卷	2003年10月	頁69-92	頁33-83

3.3 制度史

3.3.1 政治

序號	作者	篇名	卷期	出版日期	原刊本頁碼	景印本頁碼
117	陳啟雲	中國中古「士族政治」考論之一（淵源論）	12卷	1977年08月	頁143-182	頁22-147
118	廖伯源	漢代使者考論之三——使者之信物與使者之性格	18卷	1997年07月	頁25-47+496	頁29-29
119	廖伯源	試論西漢時期列侯與政治之關係	14卷	1984年08月	頁123-162	頁24-133
120	余英時	東漢政權之建立與士族大姓之關係——略論兩漢之際政治變遷的社會背景	1卷2期	1956年02月	頁207-280	頁2-213
121	李學銘	從東漢政權實質論其時帝室婚姻嗣續與外戚升降之關係	9卷2期	1970年09月	頁225-282	頁18-243

序號	作者	篇名	卷期	出版日期	原刊本頁碼	景印本頁碼
122	李學銘	論東漢之「事歸臺閣」與「權移外戚」	28 卷	2010 年 03 月	頁 341-366	頁 39-34
123	李學銘	東漢中央集議制度之探討	29 卷	2011 年 03 月	頁 1-64	頁 40-9
124	嚴耕望	從南北朝地方政治之積弊論隋之致富	4 卷 1 期	1959 年 08 月	頁 183-210	頁 7-195
125	蘇慶彬	北魏之統治政策兼論州郡守宰之貪殘	16 卷（下冊）	1993 年 01 月	頁 33-79	頁 27-49
126	羅香林	唐代天可汗制度考	1 卷 1 期	1955 年 08 月	頁 209-243	頁 1-223

3.3.2 文官

序號	作者	篇名	卷期	出版日期	原刊本頁碼	景印本頁碼
127	陳啟雲	畧論兩漢樞機職事與三台制度之發展	4 卷 2 期	1960 年 02 月	頁 127-157	頁 8-135
128	廖伯源	漢代爵位制度試釋	10 卷 1 期（下冊）	1973 年 07 月	頁 93-184	頁 20-99
129	廖伯源	漢代爵位制度試釋　下編　關內侯以下十九等爵制度試釋	12 卷	1977 年 08 月	頁 183-242	頁 22-187
130	廖伯源	漢代郡縣鄉亭之等級	22 卷	2003 年 10 月	頁 119-133	頁 33-133
131	陳啟雲	兩三省制度之淵源、特色及其演變	3 卷 2 期	1957 年 08 月	頁 99-229	頁 6-105
132	陳啟雲	劉宋時代尚書省權勢之演變	4 卷 1 期	1959 年 08 月	頁 163-181	頁 7-175
133	孫國棟	唐代三省制之發展研究	3 卷 1 期	1957 年 08 月	頁 17-121	頁 5-23

序號	作者	篇名	卷期	出版日期	原刊本頁碼	景印本頁碼
134	嚴耕望	唐代方使府之文職僚佐	7卷2期	1966年08月	頁47-77	頁14-53
135	金中樞	宋代三省長官置廢之研究	11卷（上冊）	1976年03月	頁89-147	頁21-101
136	梁天錫	論宋宰輔互兼制度	8卷2期	1968年08月	頁289-320	頁16-297
137	謝興周	宋代轉運使之任用制度	17卷	1994年08月	頁459-510	頁28-471
138	謝興周	宋代轉運使之職權	18卷	1997年07月	頁223-302+502-503	頁29-235
139	張偉保	明代江西役法之改革	21卷	2001年11月	頁217-260	頁32-229
140	黃開華	明代土司制度設施與西南開發（上）	6卷1期	1964年02月	頁283+285-329+330_1-330_8+331-365	頁11-291
141	黃開華	明代土司制度設施與西南開發（下）	6卷2期	1964年08月	頁395+397-495	頁12-403
142	鄧青平	清雍正年間（一七二三一三五）的文官養廉制度	10卷1期（下冊）	1973年07月	頁249-336	頁20-257

3.3.3 科舉

143	金中樞	北宋科舉制度研究（上）	6卷1期	1964年02月	頁205-207+209+211-281	頁11-211
144	金中樞	北宋科舉制度研究（下）	6卷2期	1964年08月	頁163+165-242	頁12-169

序號	作者	篇名	卷期	出版日期	原刊本頁碼	景印本頁碼
145	金中樞	北宋舉官制度研究（上）	9卷1期	1969年06月	頁243-298	頁17-25
146	金中樞	北宋科舉正賜第人員任用制之形成續考	16卷（下冊）	1993年01月	頁301-333	頁27-31
147	楊啟樵	明初人才培養與登進制度及其演變	6卷2期	1964年08月	頁327-331+333-394	頁12-33

3.3.4 軍事

序號	作者	篇名	卷期	出版日期	原刊本頁碼	景印本頁碼
148	洪武雄	蜀漢將軍的班位及其散職化傾向——兼論監軍、護軍、典軍及軍師、領軍	26卷	2008年01月	頁37-99	頁37-45
149	趙效宣	宋代烽燧制度	16卷（下冊）	1993年01月	頁185-235	頁27-201
150	羅球慶	北宋兵制研究	3卷1期	1957年08月	頁169-270	頁5-177
151	吳緝華	論明代北方邊防內移及影響	13卷	1980年06月	頁363-408+408_1	頁23-377

3.4 經濟史

3.4.1 西漢

序號	作者	篇名	卷期	出版日期	原刊本頁碼	景印本頁碼
152	徐復觀	鹽鐵論中的政治社會文化問題	11卷（下冊）	1976年03月	頁337-418	頁21-353
153	錢　穆	中國古代北方農作物考	1卷2期	1956年02月	頁1-27	頁2-5

序號	作者	篇名	卷期	出版日期	原刊本頁碼	景印本頁碼

.4.2 宋代

序號	作者	篇名	卷期	出版日期	原刊本頁碼	景印本頁碼
154	全漢昇	宋明間白銀購買力的變動及其原因	8卷1期	1967年02月	頁157-186	頁15-165

3.4.3 明代

序號	作者	篇名	卷期	出版日期	原刊本頁碼	景印本頁碼
155	全漢昇	明代北邊米糧價格的變動	9卷2期	1970年09月	頁49-96	頁18-65
156	全漢昇	明清時代雲南的銀課與銀產額	11卷（上冊）	1976年03月	頁61-88	頁21-73
157	全漢昇	美洲白銀與明清間中國海外貿易的關係	16卷（上冊）	1991年10月	頁1-22	頁26-13
158	李木妙	明清之際中國的海外貿易發展──以馬戛爾尼使華前的中英貿易為案例	18卷	1997年07月	頁99-149+498-499	頁29-111
159	李木妙	海上絲路與環球貿易──以十六至十八世紀中國海外貿易為案例	22卷	2003年10月	頁303-356	頁33-215
160	林燊祿	明初四朝田賦的折納物	16卷（上冊）	1991年10月	頁223-272	頁26-235
161	鄭永常	明太祖朝貢貿易體制的建構與挫折	22卷	2003年10月	頁457-498	頁33-471
162	陳荊和	十七、八世紀之會安唐人街及其商業	3卷1期	1957年08月	頁271+273-332	頁5-277

序號	作者	篇名	卷期	出版日期	原刊本頁碼	景印本頁碼

3.4.4 清代

序號	作者	篇名	卷期	出版日期	原刊本頁碼	景印本頁碼
163	全漢昇	清代蘇州的踹布業	13 卷	1980 年 06 月	頁 409-437	頁 23-42
164	全漢昇	鴉片戰爭前的中英茶葉貿易	17 卷	1994 年 08 月	頁 237-255	頁 28-24
165	何漢威	晚清四川財政狀況的轉變	14 卷	1984 年 08 月	頁 199-348	頁 24-20
166	宋敘五	清初至乾嘉年間物價及工資的變動	18 卷	1997 年 07 月	頁 49-98+497	頁 29-61
167	宋敘五 趙善軒	包世臣的貨幣思想	24 卷	2006 年 01 月	頁 327-355	頁 35-33
168	李木妙	早期中美的貿易發展，1784-1860	19 卷	1999 年 06 月	頁 159-210	頁 30-9
169	鄭潤培	清季漢陽鐵廠生產的研究	16 卷（下冊）	1993 年 01 月	頁 157-183	頁 27-173

3.4.5 民國

序號	作者	篇名	卷期	出版日期	原刊本頁碼	景印本頁碼
170	李木妙	清末民初的實業救國浪潮，1895-1913	21 卷	2001 年 11 月	頁 261-283	頁 32-13
171	張偉保	華北煤炭運輸體系的建立，1870-1937	18 卷	1997 年 07 月	頁 151-191+500	頁 29-163
172	張偉保	抗戰前國民政府與煤炭工業，1928-1937	19 卷	1999 年 06 月	頁 227-278	頁 30-235

號	作者	篇名	卷期	出版日期	原刊本頁碼	景印本頁碼
73	陳慈玉	戰前日本對華煤業投資的特徵	21 卷	2001 年 11 月	頁 97-112	頁 32-109
74	陳慈玉	中國東北的水泥產業（1905-1945）	30 卷	2012 年 5 月	頁 247-300	頁 41-255
75	黃兆強	二十五史編纂時間緩速比較研究——附清史稿	22 卷	2003 年 10 月	頁 261-302	頁 33-275

.4.6 臺灣

號	作者	篇名	卷期	出版日期	原刊本頁碼	景印本頁碼
76	陳慈玉	日本殖民時代臺灣與朝鮮之礦業發展	23 卷	2005 年 01 月	頁 33-72	頁 34-41
77	陳慈玉	近代臺灣的鹽業與業：技術移轉與產業轉型的一個案	24 卷	2006 年 01 月	頁 241-290	頁 35-249
178	陳慈玉	連續與斷裂：二十世紀的臺灣煤礦業	27 卷	2009 年 02 月	頁 53-101	頁 38-61
179	陳慈玉	香蕉、茶葉與臺日貿易	28 卷	2010 年 03 月	頁 367-406	頁 39-375
180	陳慈玉	日治時期臺灣對日貿易與出口產業	29 卷	2011 年 03 月	頁 65-141	頁 40-73

3.5 軍事史

3.5.1 先秦

號	作者	篇名	卷期	出版日期	原刊本頁碼	景印本頁碼
181	陳　槃	春秋列強兼并考略	11 卷（下冊）	1976 年 03 月	頁 317-335	頁 21-333

序號	作者	篇名	卷期	出版日期	原刊本頁碼	景印本頁碼

3.5.2 魏晉南北朝

182	羅炳綿	西晉迄隋戰亂之損害	5 卷 1 期	1960 年 08 月	頁 179-365	頁 9-18

3.5.3 唐代

183	章　羣	唐代降胡安置考	1 卷 1 期	1955 年 08 月	頁 245-247+249-329	頁 1-259

3.5.4 宋代

184	尚重濂	兩宋之際民抗敵史研究	5 卷 2 期	1960 年 08 月	頁 147-238	頁 10-15

3.5.5 清代

185	王德昭	論甲午援韓	10 卷 1 期（上冊）	1971 年 12 月	頁 109-143	頁 19-11
186	陳荊和	清初鄭成功殘部之移殖南圻（上）	5 卷 1 期	1960 年 08 月	頁 433-459	頁 9-439
187	陳荊和	清初鄭成功殘部之移殖南圻（下）	8 卷 2 期	1968 年 08 月	頁 413-485	頁 16-437

3.6 交通史

3.6.1 秦、漢、三國

188	嚴耕望	陰平道辨	9 卷 2 期	1970 年 09 月	頁 207-224	頁 18-223

序號	作者	篇名	卷期	出版日期	原刊本頁碼	景印本頁碼
189	嚴耕望	秦漢迄唐飛狐道考	14 卷	1984 年 08 月	頁 67-122+122_1	頁 24-75

3.6.2 唐代

序號	作者	篇名	卷期	出版日期	原刊本頁碼	景印本頁碼
190	羅香林	屯門與其地自唐至明之海上交通	2 卷 2 期	1957 年 02 月	頁 271-273+274_1+279-300	頁 4-277
191	嚴耕望	漢唐斜道考	8 卷 1 期	1967 年 02 月	頁 101-156+156_1	頁 15-107
192	嚴耕望	通典所記漢中通秦川驛道考——散關鳳興漢中道——	8 卷 2 期	1968 年 08 月	頁 1-51+52_1	頁 16-7
193	嚴耕望	唐代長安太原道驛程考	10 卷 1 期（上冊）	1971 年 12 月	頁 1-44+44_1	頁 19-7
194	嚴耕望	唐代關內河東東西交通線	10 卷 1 期（下冊）	1973 年 07 月	頁 207-232	頁 20-213
195	嚴耕望	唐代長安東北通勝州振武軍驛道考	10 卷 1 期（下冊）	1973 年 07 月	頁 233-248+248_1	頁 20-239
196	嚴耕望	中古時代仇池山區交通網——以杜工部秦州入蜀行程爲考論中心——	11 卷（下冊）	1976 年 03 月	頁 541-593+593_1	頁 21-561
197	嚴耕望	唐代河湟青海地區交通軍鎮圖考	11 卷（上冊）	1976 年 03 月	頁 223-316+316_1	頁 21-235
198	嚴耕望	唐代太原北塞交通圖考	13 卷	1980 年 06 月	頁 81-138+138_1	頁 23-91

序號	作者	篇名	卷期	出版日期	原刊本頁碼	景印本頁碼
199	嚴耕望	唐代盟津以東黃河流程與津渡	15 卷	1986 年 06 月	頁 69-112+112_1	頁 25-81
200	嚴耕望	唐代海岱地區南北交通兩道	16 卷（下冊）	1993 年 01 月	頁 1-32	頁 27-17
201	嚴耕望	唐代揚州南通大江三渠道	17 卷	1994 年 08 月	頁 185-236	頁 28-195

3.6.3 明代

序號	作者	篇名	卷期	出版日期	原刊本頁碼	景印本頁碼
202	包遵彭	鄭和下西洋之寶船考	4 卷 2 期	1960 年 02 月	頁 307-351	頁 8-315

3.7 社會史

3.7.1 通論

序號	作者	篇名	卷期	出版日期	原刊本頁碼	景印本頁碼
203	柯萬成	忠義與報恩：中國祠廟文化的教育意義——以臺灣韓文公祠為例	28 卷	2010 年 03 月	頁 171-182	頁 39-179
204	陳荊和	承天明鄉社與清河——順化華僑史之一頁——	4 卷 1 期	1959 年 08 月	頁 305-330	頁 7-323

3.7.2 唐代

序號	作者	篇名	卷期	出版日期	原刊本頁碼	景印本頁碼
205	孫國棟	唐宋之際社會門第之消融——唐宋之際社會轉變研究之一	4 卷 1 期	1959 年 08 月	頁 211-304	頁 7-223

序號	作者	篇名	卷期	出版日期	原刊本頁碼	景印本頁碼

3.7.3 元代

206	柳存仁	元代蒙古人漢化問題及其漢化之程度	15 卷	1986 年 06 月	頁 113-200	頁 25-131

3.7.4 明代

207	朱鴻林	明隆慶年間李材所述廣東西部地方亂狀	30 卷	2012 年 5 月	頁 163-205	頁 41-171
208	李龍華	播州事件——明代邊政之個案研究	17 卷	1994 年 08 月	頁 297-314	頁 28-309

3.7.5 清代

209	李木妙	無錫榮氏的教育事業	16 卷（上冊）	1991 年 10 月	頁 147-172	頁 26-159

3.8 學術史

3.8.1 魏晉南北朝

210	錢　穆	畧論魏晉南北朝學術文化與當時門第之關係	5 卷 2 期	1960 年 08 月	頁 23-77	頁 10-29

序號	作者	篇名	卷期	出版日期	原刊本頁碼	景印本頁碼

3.8.2 宋代

序號	作者	篇名	卷期	出版日期	原刊本頁碼	景印本頁碼
2 1 1	何佑森	兩宋學風之地理分佈	1卷1期	1955年08月	頁331-333+335+337+339+341+343+345+347+349+351-353+355+357-359+361+363+365+367+370-375+377-379	頁1-345
2 1 2	趙效宣	從宋太祖崇儒看學風之產生	17卷	1994年08月	頁315-383	頁28-327

3.8.3 元代

序號	作者	篇名	卷期	出版日期	原刊本頁碼	景印本頁碼
2 1 3	何佑森	元代學術之地理分布	1卷2期	1956年02月	頁305-366	頁2-315
2 1 4	何佑森	元代書院之地理分布	2卷1期	1956年08月	頁361-408	頁3-365

3.8.4 清代

序號	作者	篇名	卷期	出版日期	原刊本頁碼	景印本頁碼
2 1 5	羅香林	容閎與中國新文化運動之啟發	1卷2期	1956年02月	頁367+369-417	頁2-381

3.9 人物傳記

3.9.1 東晉

序號	作者	篇名	卷期	出版日期	原刊本頁碼	景印本頁碼
2 1 6	楊　勇	陶淵明年譜彙訂	7卷1期	1965年02月	頁215-304	頁13-221

序號	作者	篇名	卷期	出版日期	原刊本頁碼	景印本頁碼

3.9.2 唐

217	莊　申	王維行旅考	9卷1期	1969年06月	頁181-222+222_1	頁17-193
218	曹仕邦	試論武則天女皇行事所受前代女中豪傑的影響	16卷（下冊）	1993年01月	頁287-299	頁27-303
219	方志恩	從來是拾得，不是偶然稱——唐白話詩僧拾得生平年代考略	25卷	2007年01月	頁257-278	頁36-265

3.9.3 北宋

220	何冠環	北宋外戚將門開封浚儀石氏第三代傳人石元孫事蹟考述	30卷	2012年5月	頁99-161	頁41-107
221	何冠環	曹利用（971-1029）之死	20卷	2000年08月	頁137-195	頁31-145

3.9.4 南宋

222	何廣棪	陳振孫生卒年新考	20卷	2000年08月	頁197-204	頁31-205

3.9.5 元

223	勞延	關於虞集的二三事	16卷（上冊）	1991年10月	頁173-200	頁26-185

序號	作者	篇名	卷期	出版日期	原刊本頁碼	景印本頁碼

3.9.6 明

序號	作者	篇名	卷期	出版日期	原刊本頁碼	景印本頁碼
224	饒宗頤	《郭之奇年譜》	16卷（上冊）	1991年10月	頁23-92	頁26-35

3.9.7 清

序號	作者	篇名	卷期	出版日期	原刊本頁碼	景印本頁碼
225	莫廣銓	略述全謝山先生之歷史地理學	15卷	1986年06月	頁437-450	頁25-455
226	楊啟樵	全謝山其人其事	15卷	1986年06月	頁367-393	頁25-385
227	何廣棪	吳敬恆與丁福保之學術情誼	25卷	2007年01月	頁205-223	頁36-213
228	楊啟樵	雍正與年羹堯的恩怨轇轕	14卷	1984年08月	頁163-198	頁24-173
229	鄺健行	《清腴錄》作者與中國文士潘庭筠、李調元的情誼和文字交往	22卷	2003年10月	頁101-117	頁33-115
230	陳群松	薛福成交游考	19卷	1999年06月	頁211-226	頁30-219

3.9.8 民國

序號	作者	篇名	卷期	出版日期	原刊本頁碼	景印本頁碼
231	李學銘	王世襄與中國傳統工藝美術	25卷	2007年01月	頁1-38	頁36-9
232	翟志成	王國維尋死原因三說質疑	29卷	2011年03月	頁155-196	頁40-163

序號	作者	篇名	卷期	出版日期	原刊本頁碼	景印本頁碼
233	蔡仁厚	牟宗三先生的自述與論贊	24卷	2006年01月	頁1-15	頁35-9
234	李學銘	陳援庵先生「通史致用」析論	23卷	2005年01月	頁1-32	頁34-9
235	李學銘	陳援庵先生與史書要刪	27卷	2009年02月	頁1-18	頁38-9
236	李學銘	史學家陳援庵先生藝文考略	30卷	2012年5月	頁301-340	頁41-309
237	何廣棪	經史學家楊筠如事繫年	27卷	2009年02月	頁19-52	頁38-27
238	余英時	錢穆與新儒家	16卷(下冊)	1993年01月	頁99-128	頁27-115
239	李木妙	國史大師錢穆教授生平及其著述	17卷	1994年08月	頁1-184	頁28-11
240	嚴耕望	錢穆賓四先生行誼述略	16卷(上冊)	1991年10月	頁115-132	頁26-127
241	廖伯源	嚴耕望先生學行事略	18卷	1997年07月	頁17-21+494	頁29-37

3.9.9 譜系

序號	作者	篇名	卷期	出版日期	原刊本頁碼	景印本頁碼
242	蘇慶彬	清史稿列傳本證——諸王列傳	13卷	1980年06月	頁439-494	頁23-455
243	饒宗頤	西漢節義傳	1卷1期	1955年08月	頁157-161+163-208	頁1-171

4 哲學

4.1 中國哲學

4.1.1 通論

序號	作者	篇名	卷期	出版日期	原刊本頁碼	景印本頁碼
244	余英時	漢晉之際士之新自覺與新思潮	4卷1期	1959年08月	頁25-144	頁7-37
245	吳　明	王弼、向、郭之「自然道德論」	18卷	1997年07月	頁439-491+510	頁29-451
246	金達凱	中國學術思潮之流變	17卷	1994年08月	頁385-436	頁28-397
247	唐君毅	論中國哲學思想史中「理」之六義	1卷1期	1955年08月	頁45-98	頁1-59
248	唐君毅	先秦思想中之天命觀	2卷2期	1957年02月	頁1-33	頁4-7
249	徐復觀	王充論考	10卷1期（上冊）	1971年12月	頁45-108	頁19-53
250	錢　穆	中國思想史中之鬼神觀上篇+下篇	1卷1期	1955年08月	頁1-21+23-43	頁1-13
251	錢　穆	釋道家精神義	2卷1期	1956年08月	頁25+27-72	頁3-29
252	錢　穆	推止篇	6卷1期	1964年02月	頁1-43	頁11-7
253	謝幼偉	孝與中國社會	4卷1期	1959年08月	頁1-24	頁7-13

序號	作者	篇名	卷期	出版日期	原刊本頁碼	景印本頁碼
		4.1.2 先秦諸子				
254	唐君毅	孟墨莊荀之言心申義（上）——附論大學中庸之心學——	1卷2期	1956年02月	頁29-53	頁2-33
255	唐君毅	孟墨莊荀之言心申義（下）——兼論大學中庸之心學——	1卷2期	1956年02月	頁55-81	頁2-59
256	唐君毅	墨子小取篇論「辯」辨義	4卷2期	1960年02月	頁65+67-99	頁8-73
257	唐君毅	荀子正名與先秦名學三宗——荀子以「以名亂名」「以實亂名」「以名亂實」解義	5卷2期	1960年08月	頁1-22	頁10-7
258	唐君毅	秦漢以後天命思想之發展	6卷2期	1964年08月	頁1-61	頁12-7
259	唐端正	荀學價值根源問題的探討	15卷	1986年06月	頁239-252	頁25-257
260	唐端正	荀子言「心可以知道」釋疑	22卷	2003年10月	頁11-19	頁33-15
261	曹仕邦	論兩漢迄南北朝河西之開發與儒學釋教之進展	5卷1期	1960年08月	頁49-177	頁9-55
262	陳啟雲	墨學「言・義」的哲理體系	22卷	2003年10月	頁21-68	頁33-35
263	鄧立光	孔子形上思想新探	19卷	1999年06月	頁33-44	頁30-41

序號	作者	篇名	卷期	出版日期	原刊本頁碼	景印本頁碼
264	鄧立光	《老子》所反映的天道觀與政治理想	21卷	2001年11月	頁201-215	頁32-213
265	錢　穆	論春秋時代人之道德精神（上）（下）	2卷2期	1957年02月	頁35-60+61-77	頁4-93

4.1.3 宋明理學

序號	作者	篇名	卷期	出版日期	原刊本頁碼	景印本頁碼
266	唐君毅	朱陸異同探源	8卷1期	1967年02月	頁1-100	頁15-7
267	唐君毅	陽明學與朱陸異同重辨（一）	8卷2期	1968年08月	頁53-126	頁16-61
268	唐君毅	陽明學與朱陸異同重辨（二）——下篇：陽明學與朱子學之關係——	9卷1期	1969年06月	頁1-69	頁17-9
269	陶國璋	王陽明哲學的體系性分析	16卷（下冊）	1993年01月	頁249-285	頁27-265
270	劉茂華	王夫之先生學術思想繫年	5卷1期	1960年08月	頁367-432	頁9-373
271	劉桂標	論胡五峰的本體論	27卷	2009年02月	頁281-298	頁38-289
272	鄧立光	修真與體道——陳希夷「無極圖」與周濂溪「太極圖」闡微	22卷	2003年10月	頁517-535	頁33-531
273	錢　穆	王弼郭象注易老莊用理字條錄	1卷1期	1955年08月	頁135-156	頁1-149

序號	作者	篇名	卷期	出版日期	原刊本頁碼	景印本頁碼

4.1.4 清代

序號	作者	篇名	卷期	出版日期	原刊本頁碼	景印本頁碼
274	王煜	清初哲人廖燕	19卷	1999年06月	頁123-157	頁30-131

4.1.5 新儒學

序號	作者	篇名	卷期	出版日期	原刊本頁碼	景印本頁碼
275	吳明	從佛教體用義之衡定看唐、牟之分判儒佛	28卷	2010年03月	頁89-109	頁39-97
276	李杜	儒家人性說與21世紀的人類文化	19卷	1999年06月	頁1-19	頁30-167
277	李杜	從歷史性與理論性的了解去說儒學及其國際化	20卷	2000年08月	頁1-32	頁31-9
278	李杜	儒學與近代西方的價值說述評	21卷	2001年11月	頁1-59	頁32-273
279	李瑞全	唐、牟二先生之陽明學——兼論朱陸異同	28卷	2010年03月	頁13-23	頁39-21
280	李潤生	唐、牟二師對禪學開顯的處理述異	28卷	2010年03月	頁67-88	頁39-75
281	陳學然	見道行事：唐君毅先生的續統思想	29卷	2011年03月	頁249-286	頁40-257
282	翟志成	中國傳統道德的新詮釋：論《新世訓》的「尊理性」與「行忠恕」	24卷	2006年01月	頁201-240	頁35-209
283	翟志成	論《新世訓》對中庸之道的新詮釋	25卷	2007年01月	頁75-130	頁36-83

序號	作者	篇名	卷期	出版日期	原刊本頁碼	景印本頁碼
284	翟志成	文化激進主義 VS. 文化保守主義：胡適與港臺新儒家	26 卷	2008 年 01 月	頁 125-196	頁 37-133
285	劉國強	儒家倫理美德系統的詮釋及其與中國現代化之關係	16 卷（上冊）	1991 年 10 月	頁 201-221	頁 26-213
286	劉國強	儒家思想與民主政治的一些反思	19 卷	1999 年 06 月	頁 21-32	頁 30-29
287	蔡仁厚	當代新儒家的興起及其文化貢獻──紀念唐君毅、牟宗三二先生誕生百周年	28 卷	2010 年 03 月	頁 1-11	頁 39-9
288	鄭炯堅	唐、牟二先生論荀子	28 卷	2010 年 03 月	頁 111-120	頁 39-119
289	吳明	牟宗三先生論家庭、國家、天下──從牟先生的共產主義批判說起	24 卷	2006 年 01 月	頁 81-105	頁 35-89
290	宋敘五	牟宗三先生論政道與治道	28 卷	2010 年 03 月	頁 301-308	頁 39-309
291	李淳玲	牟宗三與康德哲學〔三〕康德的「先驗哲學」是「圓教」嗎	24 卷	2006 年 01 月	頁 107-157	頁 35-115
292	李淳玲	牟宗三先生的存有論意識──從《五十自述》第三章「直覺的解悟」談起	28 卷	2010 年 03 月	頁 223-238	頁 39-231
293	周群振	人生哲學之二門──唯心與唯物（從當今世代病象的治療起念〔推徵 牟師宗三先生哲思勉作〕）	24 卷	2006 年 01 月	頁 17-40	頁 35-25

序號	作者	篇名	卷期	出版日期	原刊本頁碼	景印本頁碼
294	陳敏華	據牟宗三先生的觀點判辨劉宗周的「意體」	28 卷	2010 年 03 月	頁 261-281	頁 39-269
295	陶國璋	牟宗三先生對西方人文主義的論述	24 卷	2006 年 01 月	頁 59-80	頁 35-67
296	楊祖漢	關於牟宗三先生的哲學方法論問題	24 卷	2006 年 01 月	頁 41-58	頁 35-49
297	楊祖漢	比較牟宗三先生對天台圓教及郭象玄學的詮釋	28 卷	2010 年 03 月	頁 203-221	頁 39-211
298	盧雪崑	就牟宗三先生對康德自由學說之批評提出商榷	24 卷	2006 年 01 月	頁 159-179	頁 35-167
299	張　倩	唐君毅論荀子之統類心	28 卷	2010 年 03 月	頁 155-169	頁 39-163
300	劉國強	唐君毅先生的文化理想與實踐	28 卷	2010 年 03 月	頁 139-153	頁 39-147
301	葉其忠	張君勱之非理性主義、反理性主義與浪漫主義及其自我反省	28 卷	2010 年 03 月	頁 407-489	頁 39-415

4.2 西洋哲學

4.2.1 思想概說

序號	作者	篇名	卷期	出版日期	原刊本頁碼	景印本頁碼
302	莫詒謀	論盧梭（Rousseau）的民主	27 卷	2009 年 02 月	頁 237-260	頁 38-245

序號	作者	篇名	卷期	出版日期	原刊本頁碼	景印本頁碼

4.2.2 古代哲學

303	莫詒謀	德里達（Derrida）與柏拉圖（Platon）的文字遊戲	25 卷	2007 年 01 月	頁 177-203	頁 36-18

4.2.3 德奧哲學

304	莫詒謀	尼采（Nietzsche）的偶像	29 卷	2011 年 03 月	頁 197-218	頁 40-205
305	陶國璋	現代西方形上學的轉向	19 卷	1999 年 06 月	頁 279-294	頁 30-287
306	盧雪崑	論意志——康德道德哲學研究	18 卷	1997 年 07 月	頁 373-414+508	頁 29-385
307	盧雪崑	康德的形而上學新論	25 卷	2007 年 01 月	頁 131-175	頁 36-139
308	盧雪崑	評黑格爾對康德自由學說的批評	26 卷	2008 年 01 月	頁 197-257	頁 37-205
309	盧雪崑	從康德所論物自身不可認知及超越的自由之宇宙論意義看道家言道及道心之自由義	27 卷	2009 年 02 月	頁 261-280	頁 38-269
310	盧雪崑	理智的直觀與智的直覺	28 卷	2010 年 03 月	頁 239-260	頁 39-247

4.3 佛教

4.3.1 佛教史

311	屈大成	中國初傳佛教圖像述評	27 卷	2009 年 02 月	頁 205-236	頁 38-213

序號	作者	篇名	卷期	出版日期	原刊本頁碼	景印本頁碼
312	曹仕邦	中國佛教史傳與目錄源出律學沙門之探討（上）	6卷1期	1964年02月	頁415-486	頁11-429
313	曹仕邦	中國佛教史傳與目錄源出律學沙門之探討（中）	7卷1期	1965年02月	頁305+307-361	頁13-311
314	曹仕邦	中國佛教史傳與目錄源出律學沙門之探討（下）	7卷2期	1966年08月	頁 79+81-155	頁14-85
315	曹仕邦	論佛祖統紀對紀傳體裁的運用	9卷1期	1969年06月	頁121-180	頁17-133
316	曹仕邦	李、陳、黎三朝的越南佛教與政治	10卷1期（下冊）	1973年07月	頁337-428	頁20-345
317	曹仕邦	論釋門正統對紀傳體裁的運用	11卷（上冊）	1976年03月	頁149-222	頁21-161
318	曹仕邦	玄奘與義淨被尊稱「三藏法師」的原因試釋	15卷	1986年06月	頁321-365	頁25-339
319	曹仕邦	于法開救治難產孕婦所牽涉的佛家戒律問題	19卷	1999年06月	頁45-51	頁30-53

4.3.2 天臺宗

320	屈大成	道宣的戒體論	29卷	2011年03月	頁219-248	頁40-227
321	程兆熊	天台智顗之圓頓止觀與古本大學之知止知本	15卷	1986年06月	頁49-68	頁25-61

序號	作者	篇名	卷期	出版日期	原刊本頁碼	景印本頁碼

4.3.3 成實宗

序號	作者	篇名	卷期	出版日期	原刊本頁碼	景印本頁碼
322	唐君毅	成實論之辨「假」、「實」、「空」、「有」，與中論之異同	11卷（上冊）	1976年03月	頁1-36	頁21-13

4.3.4 唯識宗

序號	作者	篇名	卷期	出版日期	原刊本頁碼	景印本頁碼
323	霍韜晦	安慧「三十唯識釋」原典譯註（一）——第一分　識轉化論之第一、第二品	13卷	1980年06月	頁139-210	頁23-153

4.3.5 禪宗

序號	作者	篇名	卷期	出版日期	原刊本頁碼	景印本頁碼
324	李潔華	唐宋禪宗之地理分佈	13卷	1980年06月	頁211-362	頁23-225
325	陳沛然	《維摩詰經》之不二法門	18卷	1997年07月	頁415-438+509	頁29-427
326	劉衛林	李白與北宗禪	24卷	2006年01月	頁389-401	頁35-397
327	羅香林	南朝至唐廣州光孝寺與禪宗之關係	4卷1期	1959年08月	頁145-161	頁7-157

4.4 道教

4.4.1 道教史

序號	作者	篇名	卷期	出版日期	原刊本頁碼	景印本頁碼
328	金中樞	論北宋末年之崇尚道教（上）	7卷2期	1966年08月	頁323-414	頁14-329

序號	作者	篇名	卷期	出版日期	原刊本頁碼	景印本頁碼
329	金中樞	論北宋末年之崇尚道教（下）	8卷1期	1967年02月	頁187-257	頁15-195
330	柳存仁	明儒與道教	8卷1期	1967年02月	頁259-296	頁15-267

4.5 基督教

4.5.1 宗教交流

序號	作者	篇名	卷期	出版日期	原刊本頁碼	景印本頁碼
331	龔道運	基督教和儒教在十九世紀的接觸——基督教入南洋先驅米憐研究	23卷	2005年01月	頁125-166	頁34-133
332	龔道運	基督教和儒教在十九世紀的接觸：基督教入南洋和中國先驅麥都思研究（上）	24卷	2006年01月	頁291-326	頁35-299
333	龔道運	基督教和儒教在十九世紀的接觸：基督教入南洋和中國先驅麥都思研究（下）	25卷	2007年01月	頁39-73	頁36-47

5 文學

5.1 文學史

5.1.1 先秦

序號	作者	篇名	卷期	出版日期	原刊本頁碼	景印本頁碼
334	錢　穆	西周書文體辨	3卷1期	1957年08月	頁1-16	頁5-7

序號	作者	篇名	卷期	出版日期	原刊本頁碼	景印本頁碼

5.1.2 魏晉南北朝

序號	作者	篇名	卷期	出版日期	原刊本頁碼	景印本頁碼
335	張仁青	蕭統之文學思想	20 卷	2000 年 08 月	頁 101-115	頁 31-10

5.1.3 唐代

序號	作者	篇名	卷期	出版日期	原刊本頁碼	景印本頁碼
336	柯萬成	韓愈貶潮行跡與三詩繫年新論	25 卷	2007 年 01 月	頁 279-295	頁 36-28

5.1.4 北宋

序號	作者	篇名	卷期	出版日期	原刊本頁碼	景印本頁碼
337	馮志弘	楊億與北宋詩文革新	25 卷	2007 年 01 月	頁 311-355	頁 36-31

5.1.5 民國

序號	作者	篇名	卷期	出版日期	原刊本頁碼	景印本頁碼
338	朱少璋	南社詩歌理論研究	27 卷	2009 年 02 月	頁 333-425	頁 38-341

5.2 楚辭

序號	作者	篇名	卷期	出版日期	原刊本頁碼	景印本頁碼
339	李學銘	《楚辭》研究的「內學」和「外學」	26 卷	2008 年 01 月	頁 101-124	頁 37-109
340	胡詠超	游國恩先生〈楚辭用夏正說〉補正——《史記·歷書》『三王之正若循環』考辯	20 卷	2000 年 08 月	頁 65-72	頁 31-73
341	蘇雪林	天問懸解三篇	4 卷 2 期	1960 年 02 月	頁 101-126	頁 8-109

序號	作者	篇名	卷期	出版日期	原刊本頁碼	景印本頁碼

5.3 辭賦

5.3.1 漢賦

342	何沛雄	略論漢書所載錄的辭賦	15卷	1986年06月	頁201-228	頁25-219
343	胡詠超	漢賦與漢政——論司馬相如辭賦之鳴國家之盛	15卷	1986年06月	頁253-280	頁25-271

5.3.2 民國

344	詹杭倫	晚清至民國一部流行的賦集——論夏思沺的《少邕賦草》	29卷	2011年03月	頁287-303	頁40-295

5.4 古典文學

5.4.1 唐代

345	錢　穆	雜論唐代古文運動	3卷1期	1957年08月	頁123-168	頁5-129

5.4.2 宋代

346	金中樞	宋代古文運動之發展研究	5卷2期	1960年08月	頁79-146	頁10-85

5.4.3 清代

347	何沛雄	劉大櫆的古文理論	16卷（下冊）	1993年01月	頁129-140	頁27-145
348	鄺健行	桐城派前期作家對時文的觀點與態度	16卷（上冊）	1991年10月	頁93-113	頁26-105

序號	作者	篇名	卷期	出版日期	原刊本頁碼	景印本頁碼

5.5 古典詩學

5.5.1 漢代

序號	作者	篇名	卷期	出版日期	原刊本頁碼	景印本頁碼
349	雷家驥	曹植贈白馬王彪詩并序箋證	12卷	1977年08月	頁337-404	頁22-34

5.5.2 魏晉南北朝

序號	作者	篇名	卷期	出版日期	原刊本頁碼	景印本頁碼
350	韋金滿	淺談郭璞〈游仙詩〉之形式美	23卷	2005年01月	頁193-219	頁34-20

5.5.3 唐代

序號	作者	篇名	卷期	出版日期	原刊本頁碼	景印本頁碼
351	韋金滿	略論李白五言律詩之格律	19卷	1999年06月	頁53-82	頁30-61
352	孫甄陶	李商隱詩探微	4卷2期	1960年02月	頁159-241	頁8-167
353	劉衛林	盛唐詩的超越——蘇軾與嚴羽詩學理想追求的比較	29卷	2011年03月	頁305-324	頁40-313

5.5.4 宋代

序號	作者	篇名	卷期	出版日期	原刊本頁碼	景印本頁碼
354	吳淑鈿	宋代題畫詩的文化精神——以黃庭堅及陳與義詩為例	24卷	2006年01月	頁375-388	頁35-383
355	劉衛林	蘇軾詩法不相妨說初探	21卷	2001年11月	頁305-320	頁32-317
356	劉衛林	皎然詩境說與蘇軾詩禪觀念的源出	30卷	2012年5月	頁85-98	頁41-93

號	作者	篇名	卷期	出版日期	原刊本頁碼	景印本頁碼
.5.5 明代						
57	李銳清	明代「格律派」之格律詩說及其理論發展	23卷	2005年01月	頁221-262	頁34-229
58	董就雄	論屈大均對明代主要詩論之繼承與修正	26卷	2008年01月	頁259-309	頁37-267
59	潘重規	亭林詩鉤沈	4卷1期	1959年08月	頁331-386	頁7-351
360	潘重規	亭林詩發微	4卷1期	1959年08月	頁387-400	頁7-407
361	鄺健行	韓人李睟光《芝峰類說》解杜諸條析評	19卷	1999年06月	頁83-121	頁30-91
5.5.6 清代						
362	韋金滿	從趙翼《甌北詩話》論李白樂府詩之對偶	21卷	2001年11月	頁137-163	頁32-149
5.5.7 民國						
363	劉衛林	蘇軾詩對陳寅恪先生詩作與晚年心境之影響	26卷	2008年01月	頁347-368	頁37-355
364	劉衛林	牟宗三先生詩學格調說管窺	28卷	2010年03月	頁283-299	頁39-291

序號	作者	篇名	卷期	出版日期	原刊本頁碼	景印本頁碼

5.5.8 朝鮮

序號	作者	篇名	卷期	出版日期	原刊本頁碼	景印本頁碼
3 6 5	鄭健行	韓國漢城大學所藏《東詩叢話》簡介及其論中國人詩作與詩評析說	21 卷	2001 年 11 月	頁 61-79	頁 32-73

5.6 詞學

5.6.1 歷代

序號	作者	篇名	卷期	出版日期	原刊本頁碼	景印本頁碼
3 6 6	韋金滿	近三百年嶺南十家詞選析	22 卷	2003 年 10 月	頁 357-377	頁 33-25

5.6.2 唐代

序號	作者	篇名	卷期	出版日期	原刊本頁碼	景印本頁碼
3 6 7	饒宗頤	大英博物院藏 S.5540 敦煌大冊之曲子詞——長安詞、山花子及其他	11 卷（上冊）	1976 年 03 月	頁 49-59	頁 21-61

5.6.3 宋代

序號	作者	篇名	卷期	出版日期	原刊本頁碼	景印本頁碼
3 6 8	韋金滿	略論柳、蘇、周三家詞用韻之寬嚴	17 卷	1994 年 08 月	頁 283-296	頁 28-295
3 6 9	韋金滿	從片玉集之小令看周邦彥詞之特色	18 卷	1997 年 07 月	頁 329-356+505	頁 29-341

5.6.4 清代

序號	作者	篇名	卷期	出版日期	原刊本頁碼	景印本頁碼
3 7 0	嚴壽澂	蕙風詞論詮說：詞格詞心與性情襟抱	23 卷	2005 年 01 月	頁 263-297	頁 34-271

號	作者	篇名	卷期	出版日期	原刊本頁碼	景印本頁碼

.7 俗文學

.7.1 唐代

號	作者	篇名	卷期	出版日期	原刊本頁碼	景印本頁碼
71	杜德橋	廣異記初探	15 卷	1986 年 06 月	頁 395-414	頁 25-413

.7.2 元代

號	作者	篇名	卷期	出版日期	原刊本頁碼	景印本頁碼
72	柳存仁	元至治本全相武王伐紂平話明刊本列國志傳卷一與封神演義之關係	4 卷 1 期	1959 年 08 月	頁 401-442	頁 7-421
73	羅錦堂	論元人雜劇之分類	4 卷 2 期	1960 年 02 月	頁 279-306	頁 8-287

.7.3 明代

號	作者	篇名	卷期	出版日期	原刊本頁碼	景印本頁碼
374	柳存仁	毘沙門天王父子與中國小說之關係	3 卷 2 期	1957 年 08 月	頁 53+55-98	頁 6-59
375	劉楚華	明清傳奇中的魂旦	20 卷	2000 年 08 月	頁 205-220	頁 31-213
376	劉楚華	《聊齋誌異》的述鬼謀略	23 卷	2005 年 01 月	頁 325-346	頁 34-333
377	蔡海雲	《拍案驚奇》是否淩濛初獨創	20 卷	2000 年 08 月	頁 221-232	頁 31-229
378	蔡海雲	《拍案驚奇》是否與凌氏編纂初衷旨趣相違	21 卷	2001 年 11 月	頁 189-200	頁 32-201
379	蔡海雲	三十九卷本《拍案驚奇》對學界的影響	22 卷	2003 年 10 月	頁 93-99	頁 33-107

序號	作者	篇名	卷期	出版日期	原刊本頁碼	景印本頁碼

5.8 現代文學

5.8.1 詩

序號	作者	篇名	卷期	出版日期	原刊本頁碼	景印本頁碼
380	朱少璋	論新詩人兼作舊體詩的原因	22卷	2003年10月	頁399-455	頁33-51
381	朱少璋	論舊體詩與新文學之關係	23卷	2005年01月	頁347-384	頁34-35
382	朱少璋	現代新詩人舊體詩的「承繼」與「創新」	24卷	2006年01月	頁403-448	頁35-41
383	朱少璋	風格之確立與藝術之表現——現代新詩人舊體詩十二家選評	25卷	2007年01月	頁385-434	頁36-39[illegible]
384	朱少璋	新詩人舊體詩的文學價值與研究價值	26卷	2008年01月	頁369-416	頁37-37[illegible]
385	鄺健行	當代詩賦寫作述論二題	29卷	2011年03月	頁325-352	頁40-33[illegible]

5.8.2 小說

序號	作者	篇名	卷期	出版日期	原刊本頁碼	景印本頁碼
386	曾錦漳	林譯小說研究（上）	7卷2期	1966年08月	頁211-292	頁14-217
387	曾錦漳	林譯小說研究（下）	8卷1期	1967年02月	頁383-426	頁15-391

5.8.3 散文

序號	作者	篇名	卷期	出版日期	原刊本頁碼	景印本頁碼
388	陳德錦	中國現代鄉土散文初探	18卷	1997年07月	頁357-372+506-507	頁29-369

序號	作者	篇名	卷期	出版日期	原刊本頁碼	景印本頁碼

5.9 修辭學

5.9.1 詩

389	朱少璋	〈賀萬壽詩〉之異文、用韻與修辭——以越南文獻為考察焦點	28卷	2010年03月	頁513-535	頁39-521

5.9.2 小說

390	馬顯慈	從修辭格的運用看《三國》《水滸》之文藝特色	25卷	2007年01月	頁357-384	頁36-365

6 小學

6.1 文字學

6.1.1 文字學史

391	張　瑄	鄧小中鼎考釋	2卷2期	1957年02月	頁437_1+443-450	頁4-451
392	董作賓	中國文字演變史之一例	2卷2期	1957年02月	頁451-460	頁4-459
393	潘重規	史籀篇非周宣王時太史籀所作辨	5卷1期	1960年08月	頁461-494	頁9-467

6.1.2 說文解字

394	馬顯慈	王筠《說文解字句讀》的字形研究	26卷	2008年01月	頁417-466	頁37-425

序號	作者	篇名	卷期	出版日期	原刊本頁碼	景印本頁碼
395	馬顯慈	王筠《說文句讀》字音研究論釋	27卷	2009年02月	頁299-332	頁38-307
396	馬顯慈	王筠《說文句讀》字義研究闡釋	28卷	2010年03月	頁569-608	頁39-577

6.1.3 其他

序號	作者	篇名	卷期	出版日期	原刊本頁碼	景印本頁碼
397	李啟文	論「台」與「臺」之別——兼評中港臺三地印刷品「台」與「臺」之混淆	20卷	2000年08月	頁117-135	頁31-125

6.2 語言學

序號	作者	篇名	卷期	出版日期	原刊本頁碼	景印本頁碼
398	韋金滿	試論屈原〈九歌〉〈九章〉之疊字及雙聲疊韻字	20卷	2000年08月	頁73-100	頁31-81
399	陳佐舜	漢語數詞必須追上時代——兼論新數詞提案	18卷	1997年07月	頁303-328+504	頁29-315
400	馮國強	粵北韶城粵語形成的歷史地理背景	21卷	2001年11月	頁285-304	頁32-297

6.3 敦煌學

序號	作者	篇名	卷期	出版日期	原刊本頁碼	景印本頁碼
401	潘重規	王重民題燉煌卷子徐邈毛詩音新考	9卷1期	1969年06月	頁71-91+92_1-92_3	頁17-79
402	潘重規	倫敦藏斯二七二九號暨列寧格勒藏一五一七號敦煌毛詩音殘卷綴合寫定題記	9卷2期	1970年09月	頁1-48+48_1-48_8	頁18-9

序號	作者	篇名	卷期	出版日期	原刊本頁碼	景印本頁碼
403	潘重規	瀛涯敦煌韻輯別錄	10卷1期（下冊）	1973年07月	頁1-92	頁20-7
404	潘重規	瀛涯敦煌韻輯拾補	11卷（上冊）	1976年03月	頁37-48	頁21-49
405	饒宗頤	敦煌琵琶譜讀記	4卷2期	1960年02月	頁243+245-277	頁8-251

7 其他

序號	作者	篇名	卷期	出版日期	原刊本頁碼	景印本頁碼
406	余英時	壽錢賓四師九十	15卷	1986年06月		頁25-7
407		附　錢賓四先生出版著作一覽	4卷1期	1959年08月	頁1-2	頁7-463
408		新亞學報第一卷至五卷篇目	5卷2期	1960年08月	頁431-444	頁10-437

作者索引

筆畫	序號

四劃

中

中野美代子　014

孔

孔炳奭　076

方

方志恩　219

王

王　煜　274

王德昭　001、185

五劃

包

包遵彭　202

六劃

伍

伍煥堅　078

全

全漢昇　154、155、156、157、163、164

朱

朱少璋　338、380、381、382、383、384、389

朱鴻林　207

牟

牟潤孫　066、079、083

七劃

何

何佑森　028、029、211、213、214

何沛雄　342、347

何冠環　220、221

何漢威　165

何廣棪　010、011、012、023、037、038、059、222、227、237

余

余　煒　096、015、120、238、244

余英時　406

吳

吳　明　245、275、289

吳玉英　097

吳淑鈿　354

吳緝華　151

宋

宋敘五　039、166、290、167

岑

岑詠芳　002

李

李木妙　158、159、168、170、209、239

李　杜　276、277、278

李金強　088

李啟文　064、093、094、397

李淳玲　291、292

李瑞全　279

李潔華　324

李潤生　280

李銳清　357

李學智　016

李學銘　040、041、042、121、122、123、231、234、235、236、339

李龍華　208

杜

杜維運　033

杜德橋　006、371

杜聯喆　034

八劃

周

周群振　293

宗

宗靜航　067、073

尚

尚重濂　184

屈

屈大成　311、320

林

林燊祿　043、160

金

金中樞　068、069、135、143、144、145、146、328、329、346

金達凱　246

九劃

施

施之勉　024、025

柯

柯萬成　203、336

柳

柳存仁　007、030、031、206、330、372、374

洪

洪武雄　148

胡

胡詠超　340、343

韋

韋金滿　350、351、362、366、368、369、398

十劃

唐

唐君毅　247、248、254、255、256、257、258、266、267、268、322

唐端正　259、260

孫

孫國棟　017、044、045、046、133、205

孫甄陶　026、352

徐

徐復觀　060、089、152、249

馬

馬顯慈　　390、394、395、396

十一劃

張

張　倩　　299

張　瑄　　391

張仁青　　335

張偉保　　139、171、172

張偉國　　101

曹

曹仕邦　　032、218、261、312、313、314、315、316、317、318、319

梁

梁天錫　　136

章

章　羣　　108、183

莊

莊　申　　090、217

莫

莫詒謀　　302、303、304

莫廣銓　　225

陳

陳　槃　181

陳正祥　095

陳佐舜　399

陳沛然　325

陳荊和　162、186、187、204

陳啟雲　117、127、131、132、262

陳敏華　294

陳紹棠　074

陳慈玉　173、174、176、177、178、179、180

陳群松　230

陳德錦　388

陳慶新　080

陳學然　281

陶

陶國璋　269、295、305

十二劃

勞

勞　榦　061

勞延煊　223

勞悅強　047

曾

曾錦漳　386、387

湯

湯承業　110

程

程兆熊　321

逯

逯耀東　104、105、106

馮

馮志弘　337

馮國強　400

馮錦榮　070

黃

黃兆強　048、175

黃開華　140、141

黃漢光　049

黃漢超　111、112、113

十三劃

新

新亞研究所　035

楊

楊　勇　216

楊祖漢　296、297

楊啟樵　050、051、115、116、147、226、228

葉

葉其忠　062、065、301

董

董作賓　392

董就雄　358

詹

詹杭倫　344

雷

雷家驥　349

十四劃

廖

廖伯源　102、118、119、128、129、130、241

翟

翟志成

翟志成　052、098、099、100、232、282、283、284

趙

趙效宣　085、149、212

趙善軒　167

十五劃

劉

劉百閔　071、072、270、271

劉國強　285、286、300

劉楚華　375、376

劉衛林　008、326、353、355、356、363、364

潘

潘重規　009、013、036、359、360、393、401、402、403、404

蔡

蔡仁厚　233、287

蔡海雲　377、378、379

鄧

鄧立光　263、264、272

鄧青平　142

鄧國光　109

鄭

鄭　騫　018

鄭永常　114、161

鄭炯堅　288

鄭潤培　169

十六劃

盧

盧雪崑　298、306、307、308、309、310

盧鳴東　077、081、082

錢

錢　穆　053、054、055、056、075、084、086、087、153、210、250、251、252、265、273、334、345

霍

霍韜晦　323

十七劃

謝

謝幼偉　253

謝正光　003

謝興周　137、138

十八劃

酈

酈健行　057、229、348、361、365、385

十九劃

羅

羅炳綿　004、005、019、063、091、182

羅香林　126、190、215、327

羅球慶　150

羅錦堂　373

龐

龐聖偉　103

二十劃

嚴

嚴耕望　020、058、124、134、188、189、191、192、193、194、195、196、197、198、199、200、201、240

嚴壽澂　370

蘇

蘇雪林　341

蘇慶彬　092、107、125、242

饒

饒宗頤　021、022、027、224、243、367、405

二十二劃

龔

龔道運　331、332、333

《新亞學報》稿約

一、本刊為史學大師錢穆先生所創立，係以研究中國學術為主體之國際性學術年刊，自一九五五年創刊以來，致力推廣與深化中國文學、史學、哲學、宗教、藝術等方面之研究，迄今已出版共三十三卷。香港、臺灣、西歐、北美以及澳洲之學術鉅子，諸如錢穆、唐君毅、牟潤孫、潘重規、嚴耕望、全漢昇、徐復觀、牟宗三、羅香林、董作賓、勞榦、陳槃、柳存仁、王德昭、饒宗頤、余英時、杜德橋（Glen Dudbridge）等人，皆曾在本刊發表論文，凡數十百篇。

二、本刊由新亞研究所負責，由所內與所外之專家學者共同組成之編輯委員會主持編纂，以登載有關中國文學、史學、哲學、語言學、社會、民族、藝術、宗教、禮俗等各項研究性之論文及書評為限，每年八月出版一卷，歡迎海內外學者賜稿。

三、來稿論文每篇原則上以三萬字為限，書評以五千字為限。唯特約稿件則不受此限。

四、來稿請標明中文和英文篇名，投稿者之中、英文姓名。論文稿請附上中文和英文之提要（三百字以內），中文和英文關鍵詞各五個，注釋請用腳注（footnotes）形式，文末請附「引用書目」；並請提供與 Microsoft Word 相容之文稿電子檔及 PDF 檔。來稿請另紙附上作者所屬之學校或機構及其職稱、通訊地址、電話、傳真及電郵地址，以電郵附件傳送至本所學報電子郵箱。

五、本刊長期徵稿，無特定截稿日期，文稿隨到隨審。來稿須通過本刊編輯委員會初審，之後，再送請兩位專家學者評審，審查採雙向匿名制，故文中請勿出現足以辨識作者身分之資訊。

六、本刊編輯委員會有文稿刪改權，如不願改者，請於來稿上註明。

七、來稿請勿一稿兩投。本刊不接受已刊登之文稿。

八、本刊不負責來稿內容之著作權問題，若涉及圖、表及長文等徵引，作者應先行取得著作權持有者之同意，如有抄襲、重製或侵權等情況發生，概由投稿者承擔法律責任，與本刊無關。

九、請作者自留底稿。來稿刊用與否，恕不退還，唯本刊會將審查結果盡快通知作者。

十、本刊著作者享有著作人格權，本所享有著作財產權；日後除著作者本人將其著作結集出版外，凡任何人任何目的之翻印、轉載、翻譯等，皆須事先徵得本所同意之後，始得為之。

十一、來稿刊出後，作者每人可獲贈本刊二本及抽印本三十冊，不設稿酬。

十二、來稿之電子檔（word）及 PDF 檔，請傳送到本所電子郵箱：journal@newasia.org.hk

十三、本刊之通訊地址：

香港 九龍 農圃道 6 號
新亞研究所《新亞學報》編輯委員會
Editorial Board, New Asia Journal
New Asia Institute of Advanced Chinese Studies
6 Farm Road, Kowloon
Hong Kong, CHINA.

《新亞學報》第一屆「徐復觀最佳論文獎」啟事

新亞研究所自一九五三年成立以來，迄今已逾一甲子。《新亞學報》乃新亞研究所之機關學報，為史學大師錢穆先生所創立，係以研究中國人文學術為主之國際學術年刊，自一九五五年創刊以來，致力推廣深化中國文學、史學、哲學、宗教、藝術等方面之研究，迄今已出版共三十三卷。正如〈發刊辭〉所云，中學西學兼治，考據義理並存。歷年篇什，堪稱懷珠蘊玉，起鳳騰蛟。

當代新儒學大宗師徐復觀先生，暮年執教於新亞研究所十有二載，春風化雨，作育英才；徐先生之哲嗣均琴博士、梓琴博士及帥軍先生，為弘揚新亞精神，提升學術水平，並紀念其父與新亞研究所此一大事因緣，特慷慨捐助，自二〇一七年起，委託《新亞學報》設立「徐復觀最佳論文獎」。細節如下：

（一）《新亞學報》為年刊，每年八月出版一卷，自二〇一七年起每卷均從該卷所刊載之論文中，選出最佳論文乙篇，頒授「徐復觀最佳論文獎」。獲獎之論文，內容與是否研究徐復觀先生者，不必相關。得獎者獲頒發獎牌一座，獎金港幣壹萬圓正。

（二）凡投稿予《新亞學報》，經編委送審、通過發表之論文，自動成為該卷學報「徐復觀最佳論文獎」之參賽論文。亟盼專家學者惠賜鴻篇，共襄盛舉。來稿之電子檔（word）及 PDF 檔，請傳送到本所電子郵箱：journal@newasia.org.hk。

（三）第一屆「徐復觀最佳論文獎」，專門為《新亞學報》第三十四卷（2017 年 8 月）發表之各篇論文而設。

（四）新亞研究所及《新亞學報》編輯委員會，對於「徐復觀最佳論文獎」所有事務，有最終之執行、仲裁權。

《新亞學報》編輯委員會

二〇一六年十二月

圖錄

初期宋學之地理分佈

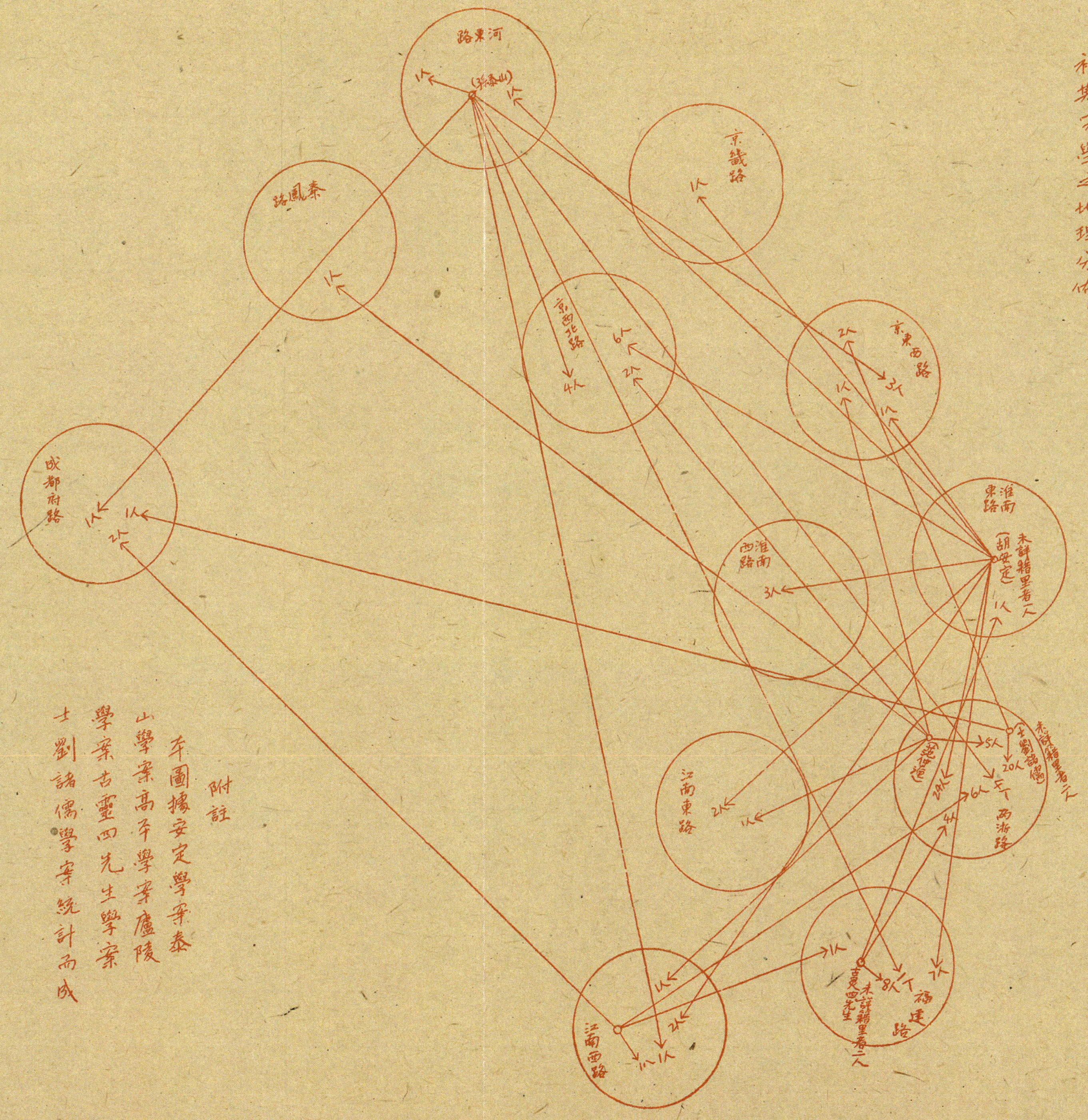

附註
本圖據安定學案泰山學案高平學案廬陵學案古靈四先生學案士劉諸儒學案統計而成

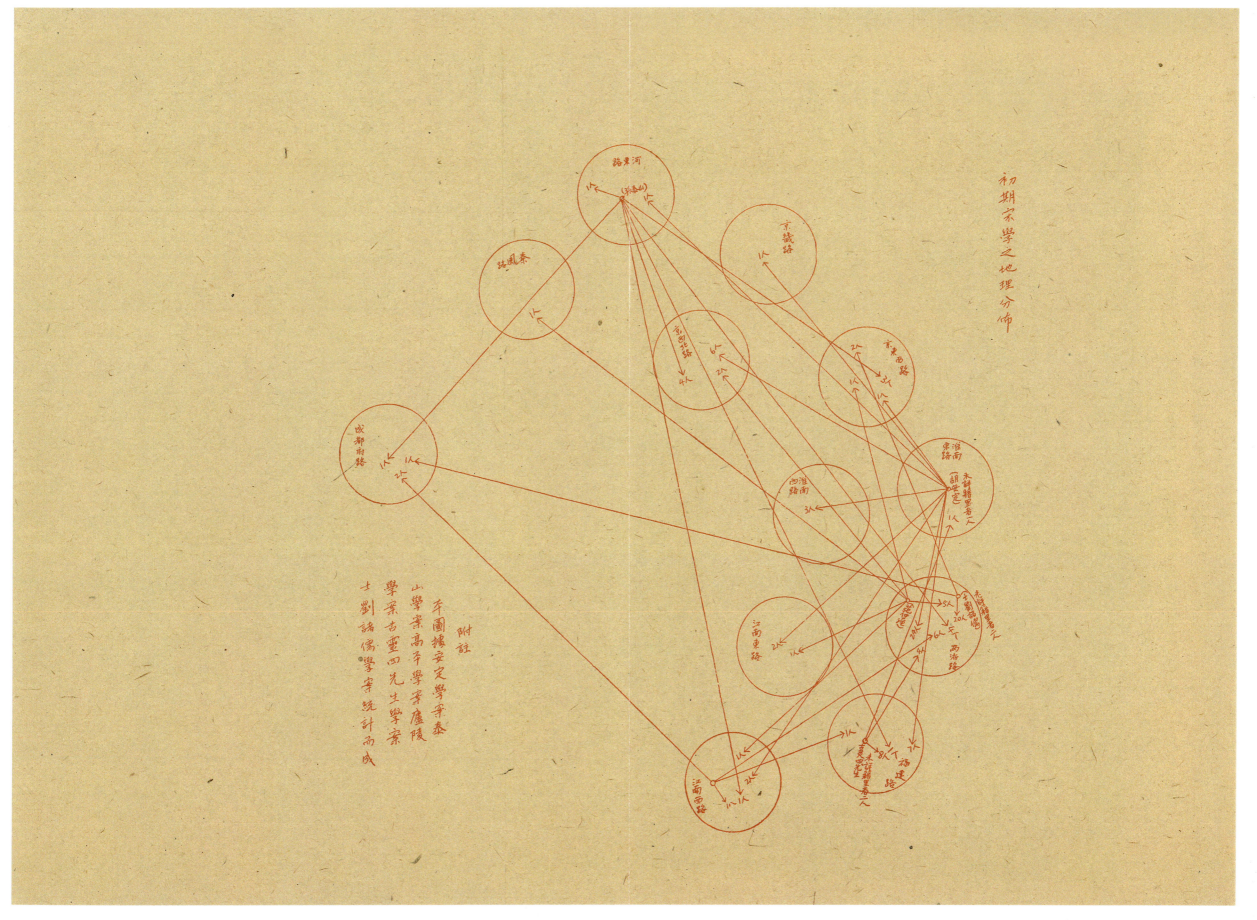

圖版一

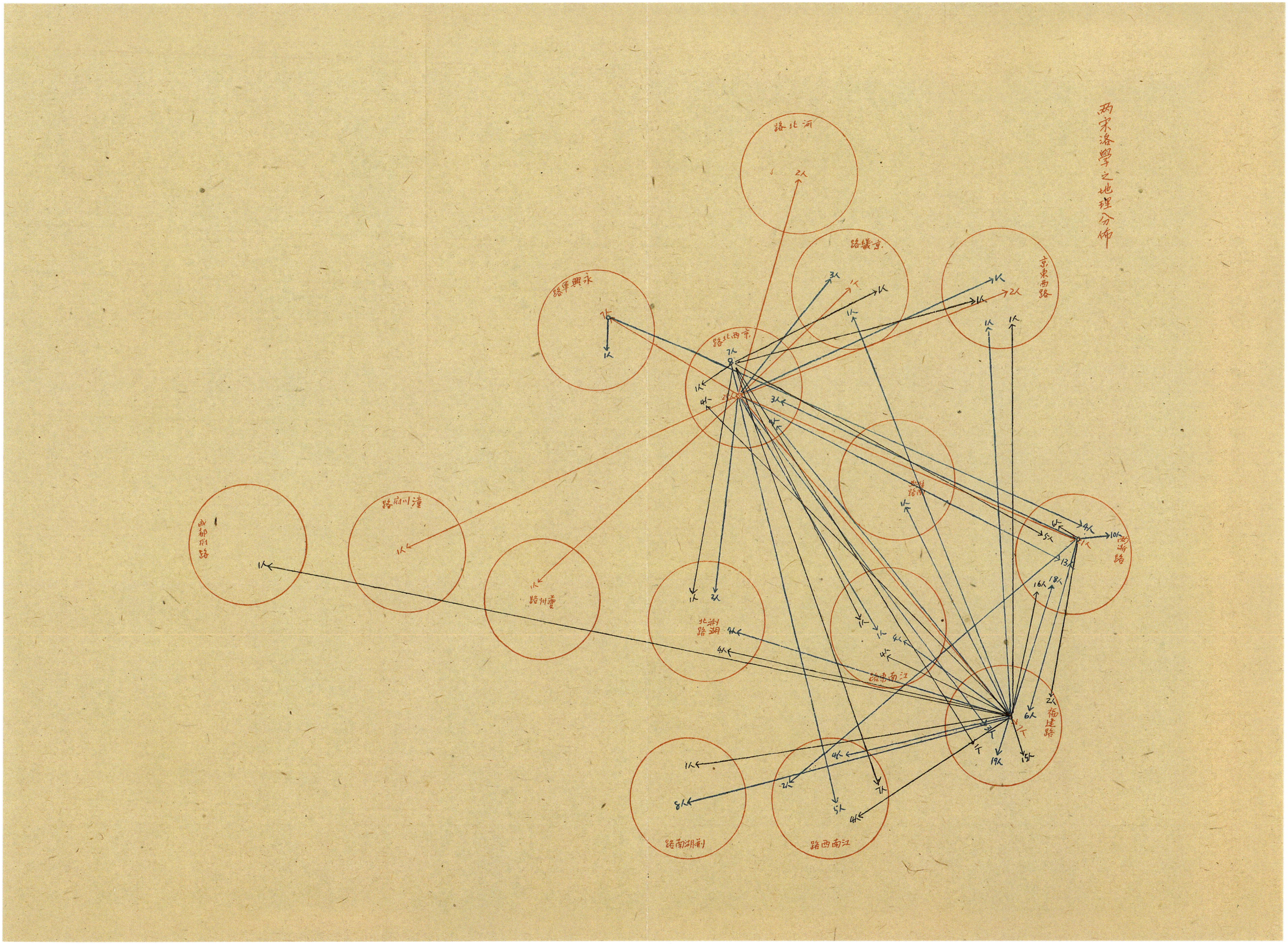

圖版二、兩宋洛學之地理分佈，見第一卷第一期，景印本頁 1-363

圖版二

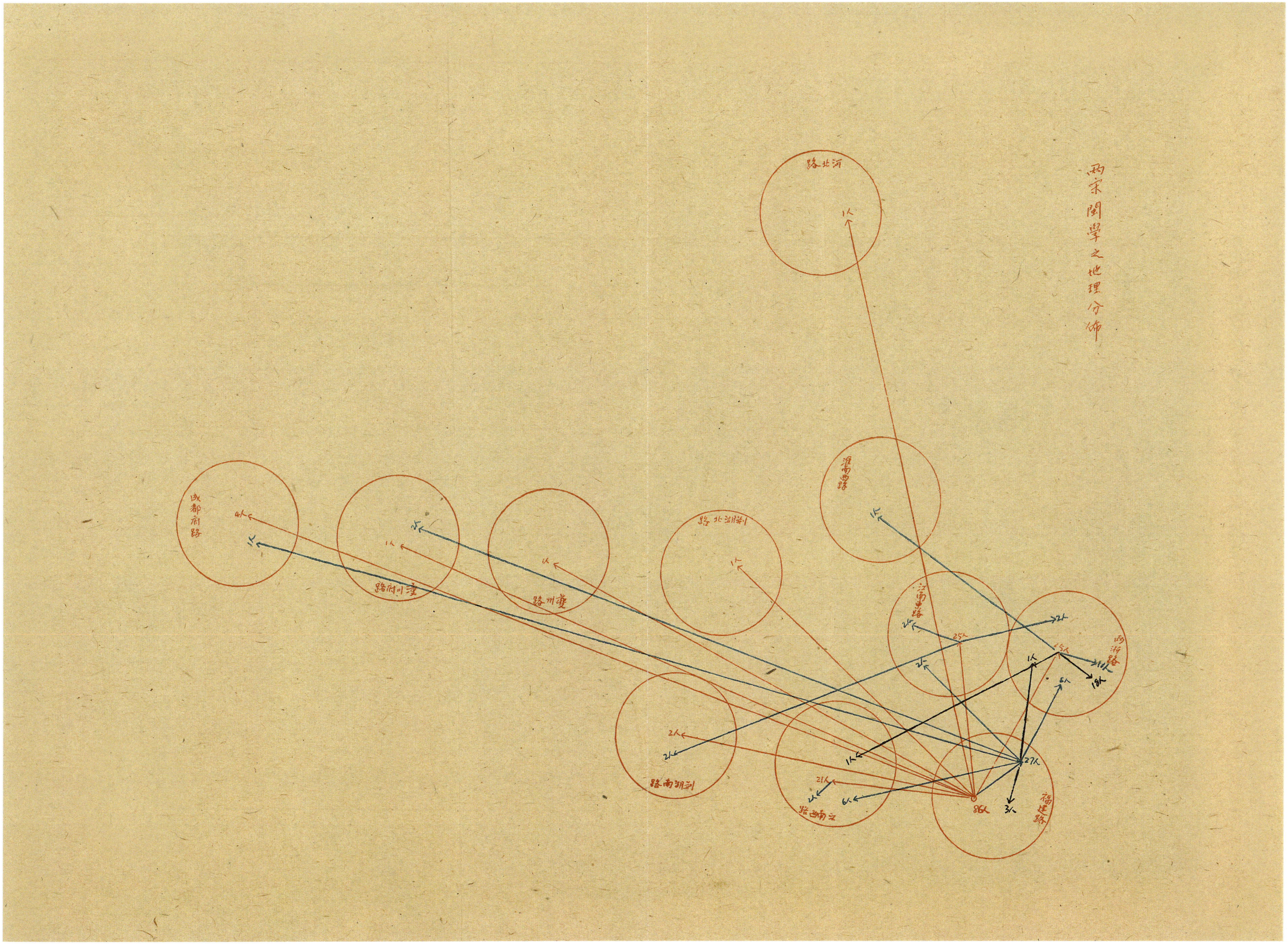

圖版三、兩宋閩學之地理分佈，見第一卷第一期，景印本頁 1-369

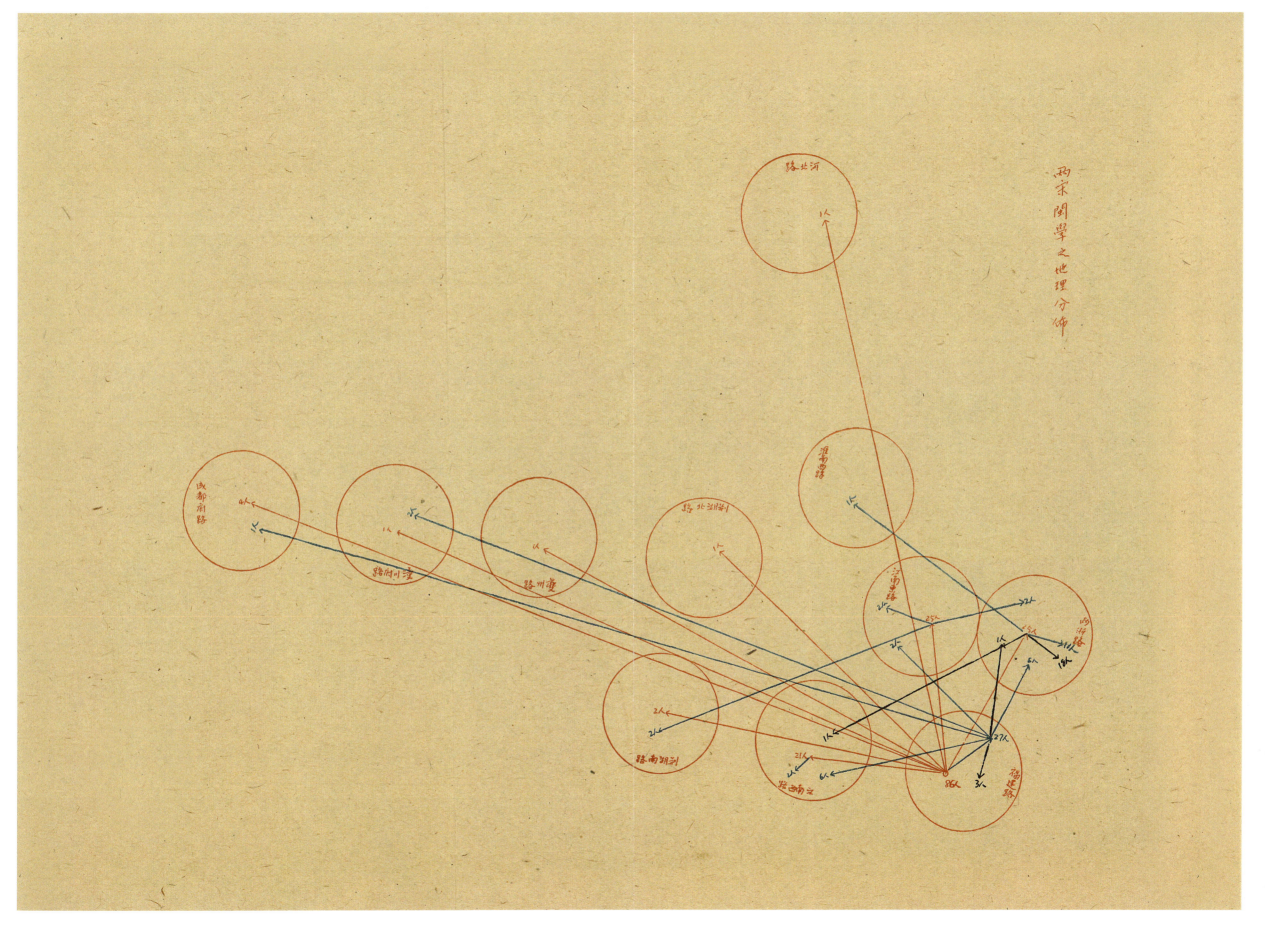

圖版三

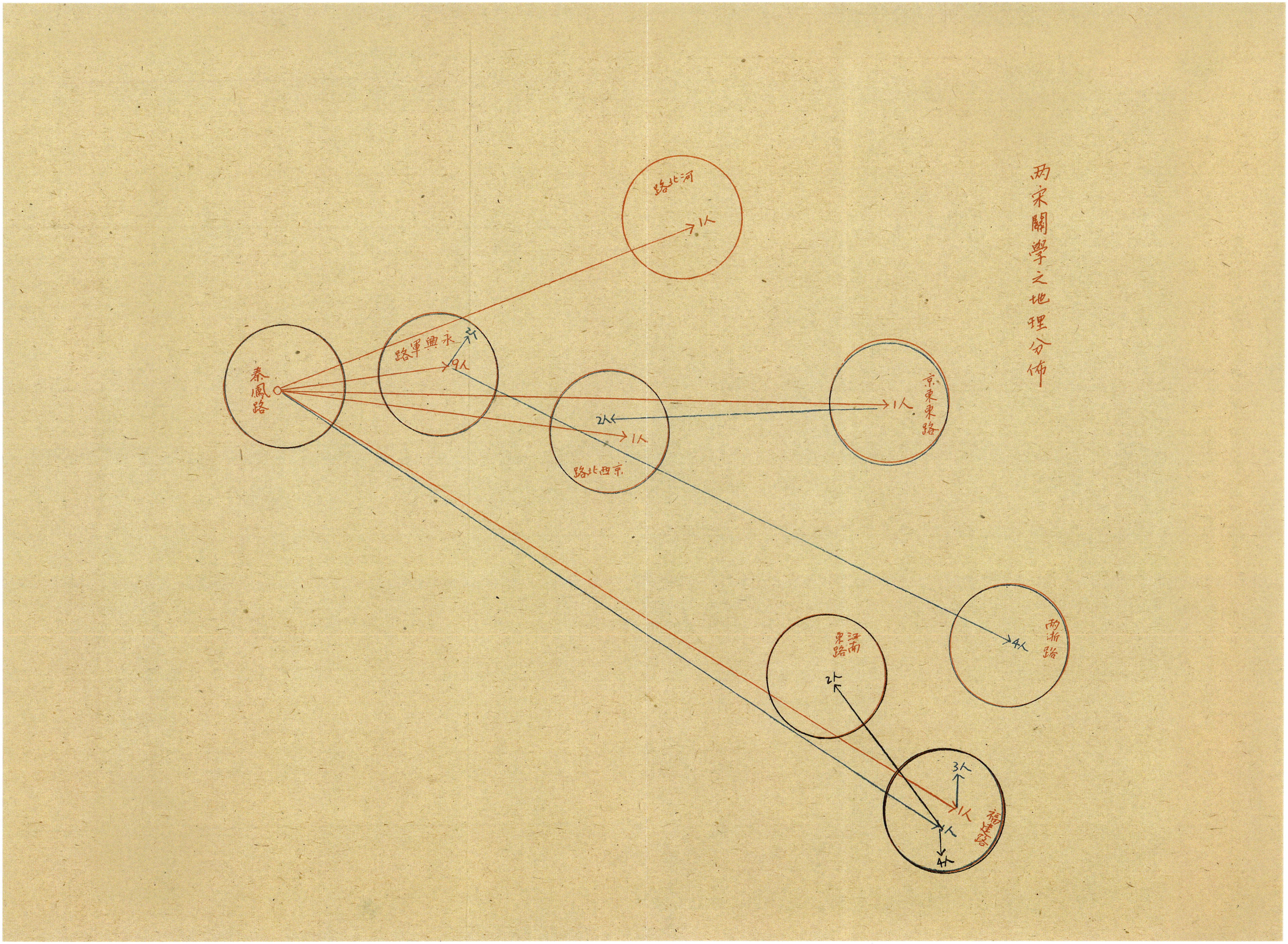

圖版四、兩宋關學之地理分佈，見第一卷第一期，景印本頁 1-373

圖版四

蘇氏蜀學之地理分佈

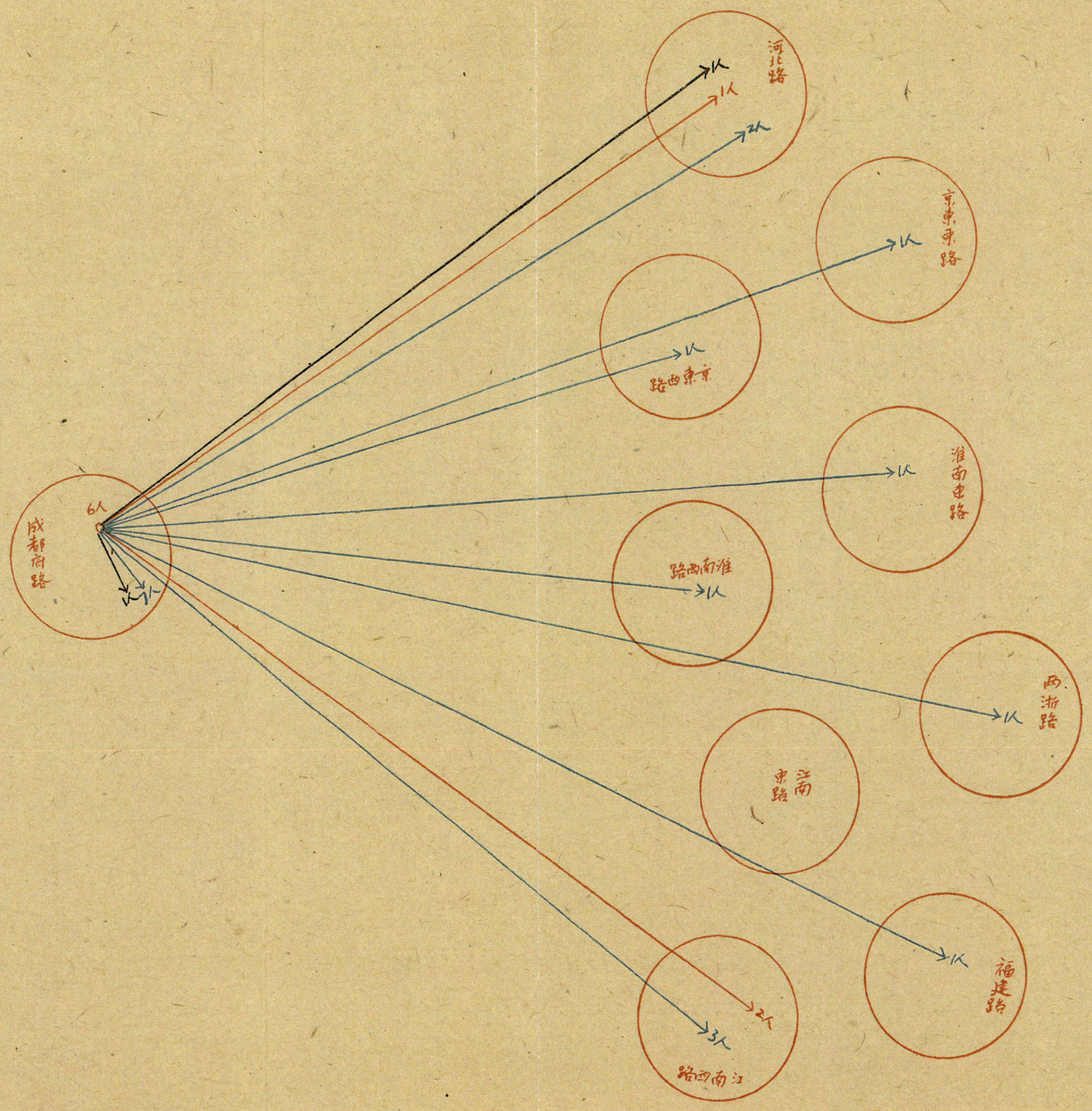

按：蜀學是一個籠統的名詞。在地理分佈上說，成都府路的蜀學偏重文學，而潼川府路的蜀學偏重理學。

圖版五、蘇氏蜀學之地理分佈，見第一卷第一期，景印本頁 1-377

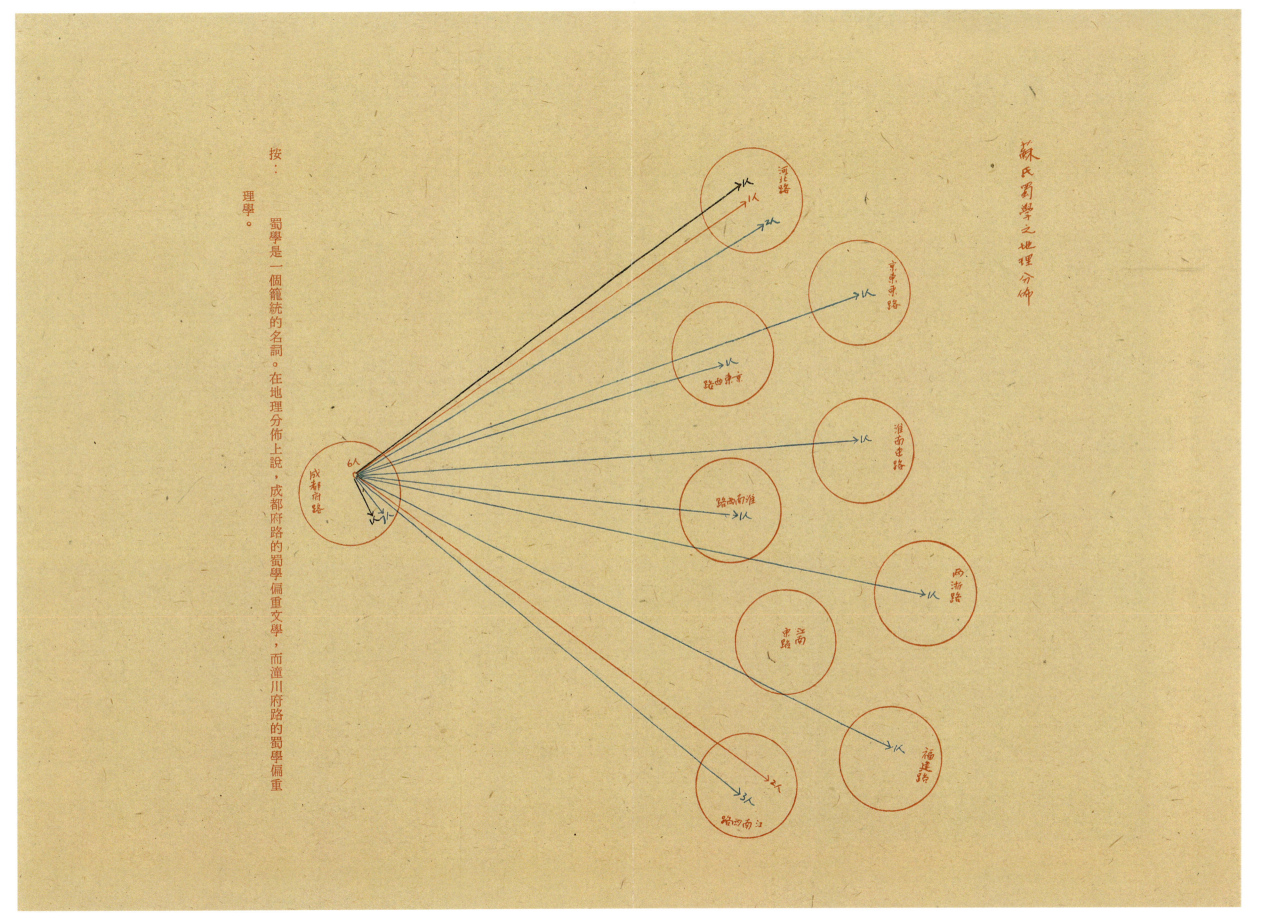

圖版五

荊公新學之地理分佈

按：

荊公是北宋時人。當時，洛學朔學雖然盛於北方，而新學的傳授偏重南方，所以，荊公在政治上所用的人才，也以南方人居多，多少帶一點地域性的觀念。

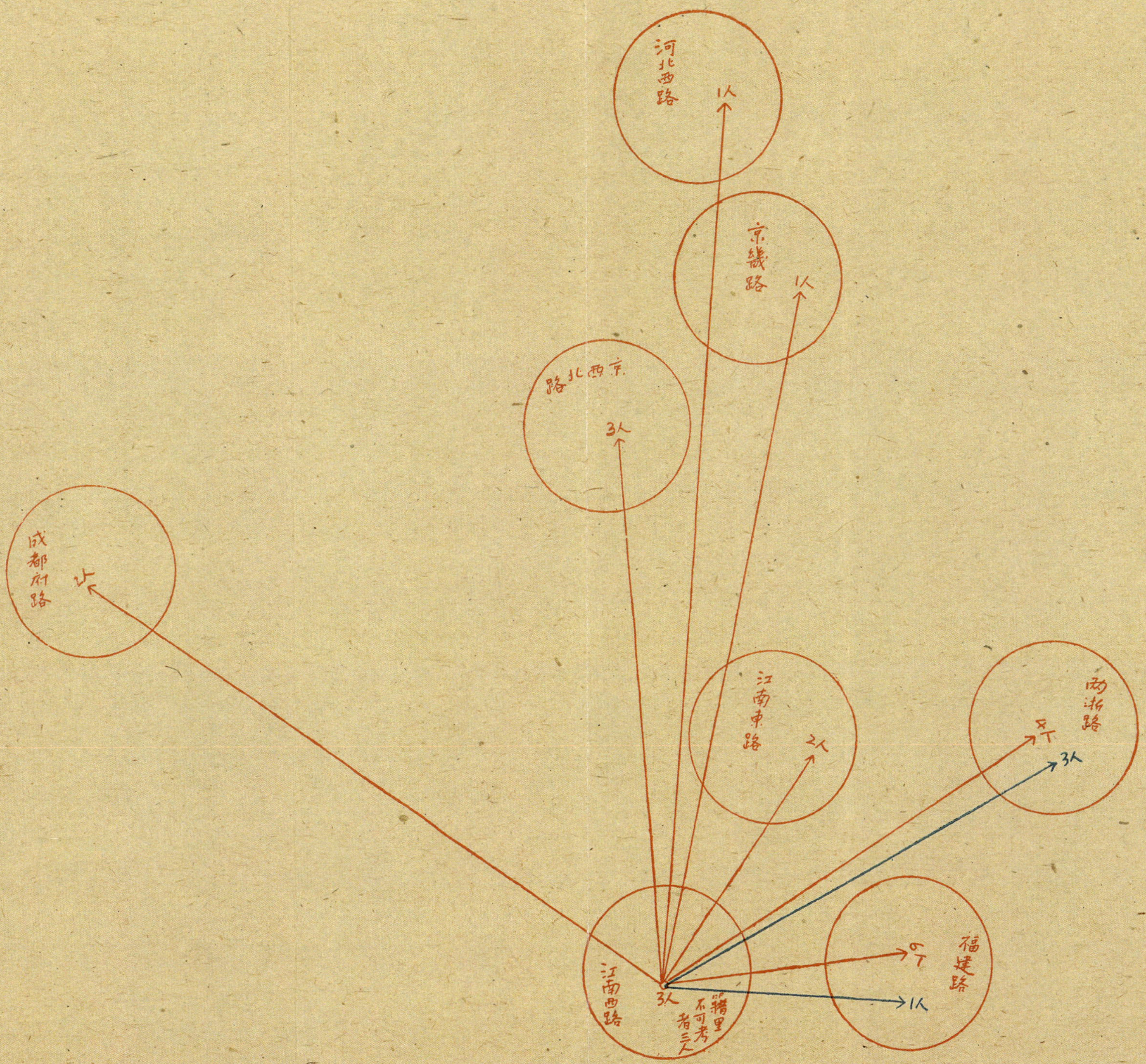

圖版六、荊公新學之地理分佈，見第一卷第一期，景印本頁 1-379

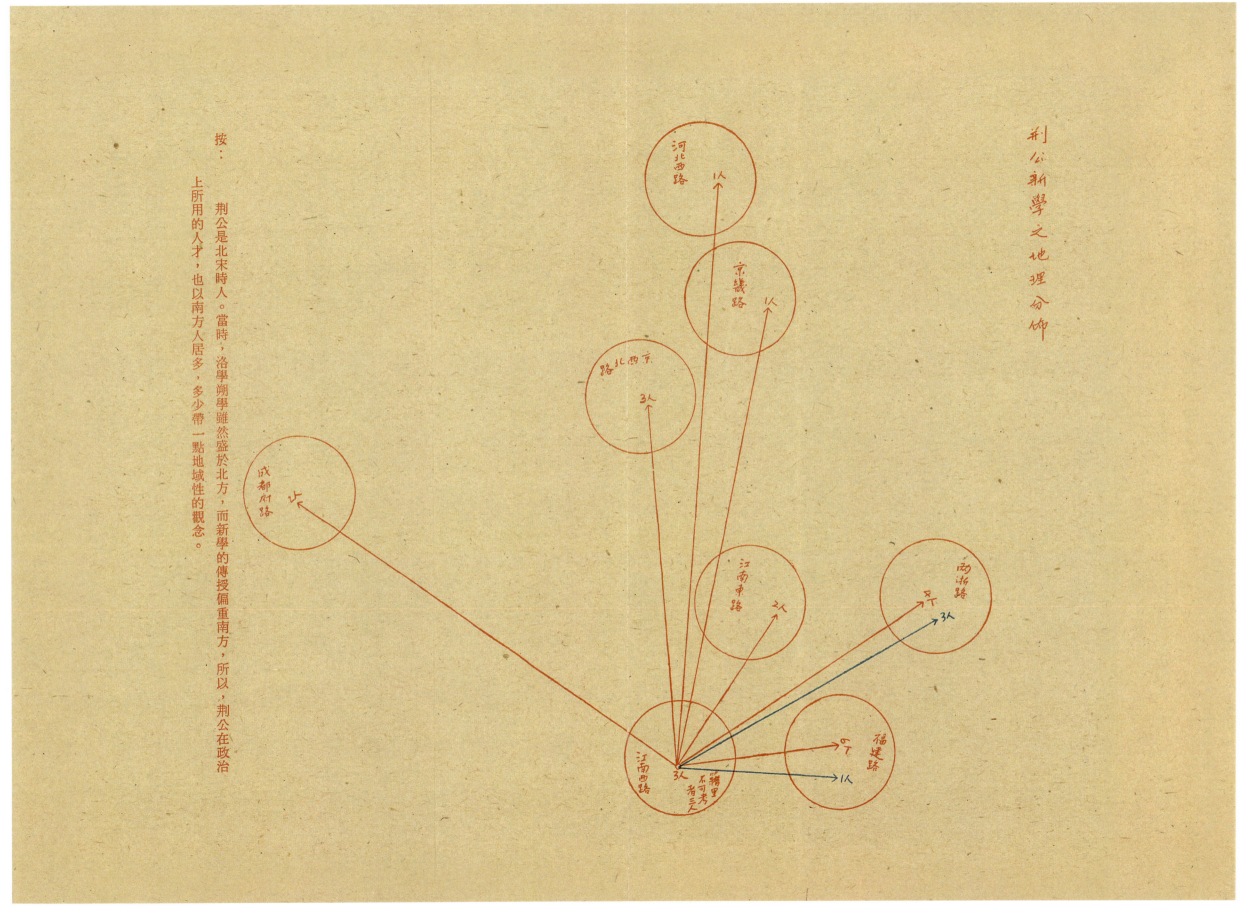

圖版六

兩宋朔學之地理分佈

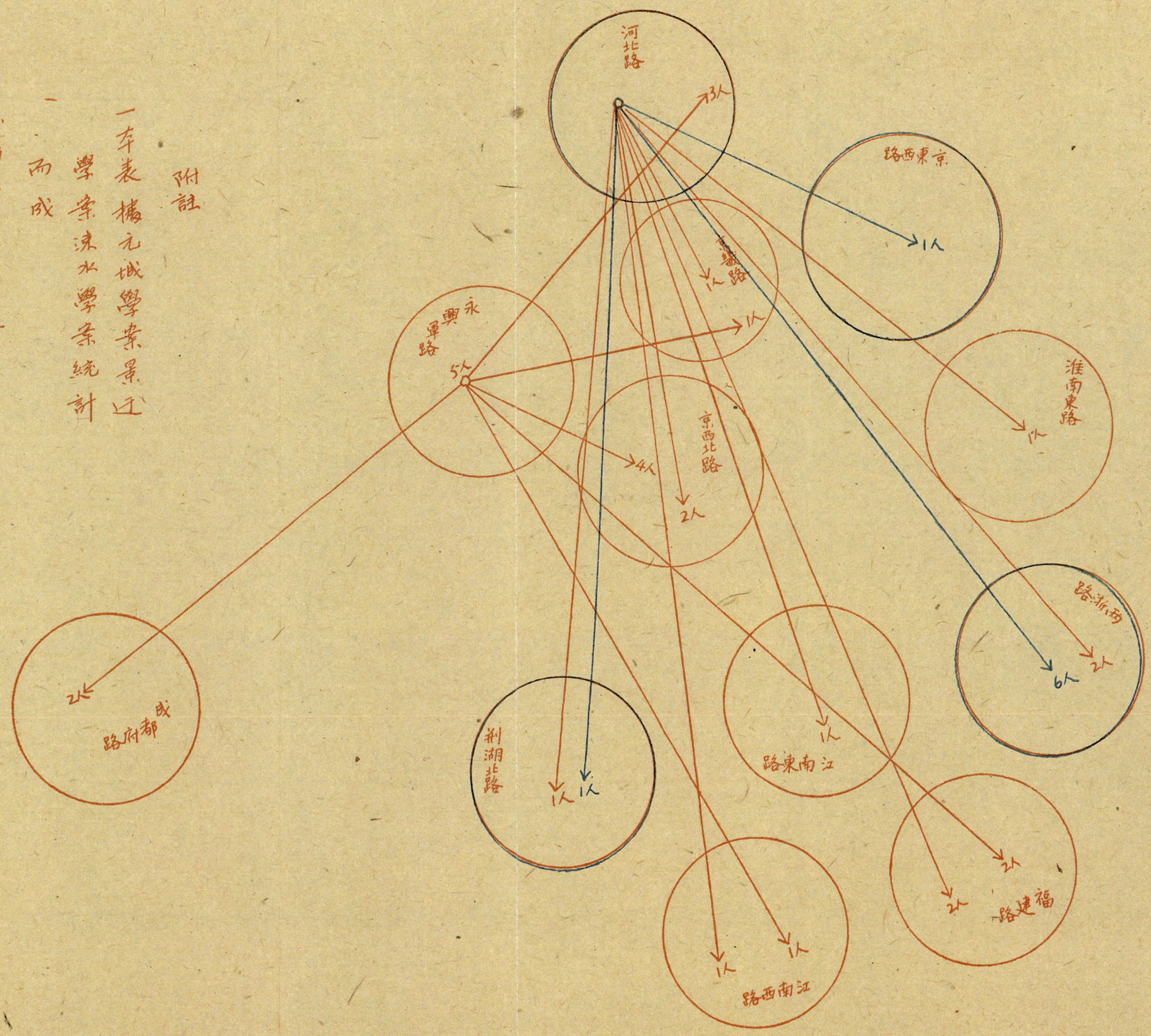

附註
一 本表據元城學案景迂學案涑水學案統計而成
二 籍里不詳者一人

按：洛學盛於南方，所以南宋的理學盛過北宋的理學；而朔學的地理分佈是北方盛過南方，因此南渡以後的朔學已漸漸地衰微下去，到了宋末元初，河北的學術才開始盛興起來，新興的有靜修和魯齋兩個學派。

按：洛學、朔學、蜀學的分佈以洛學最盛，朔學次之，蜀學又次之。

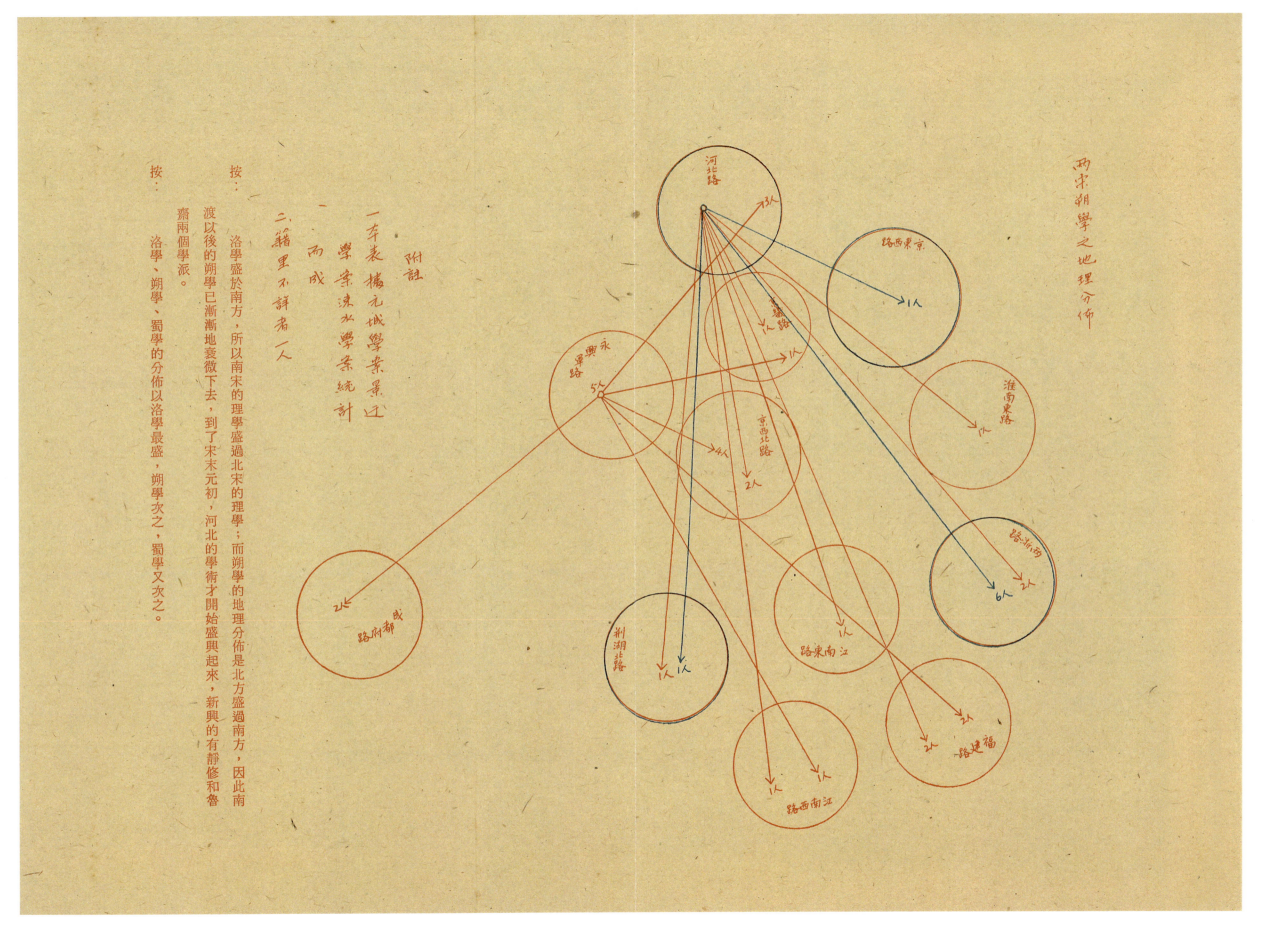

圖版七

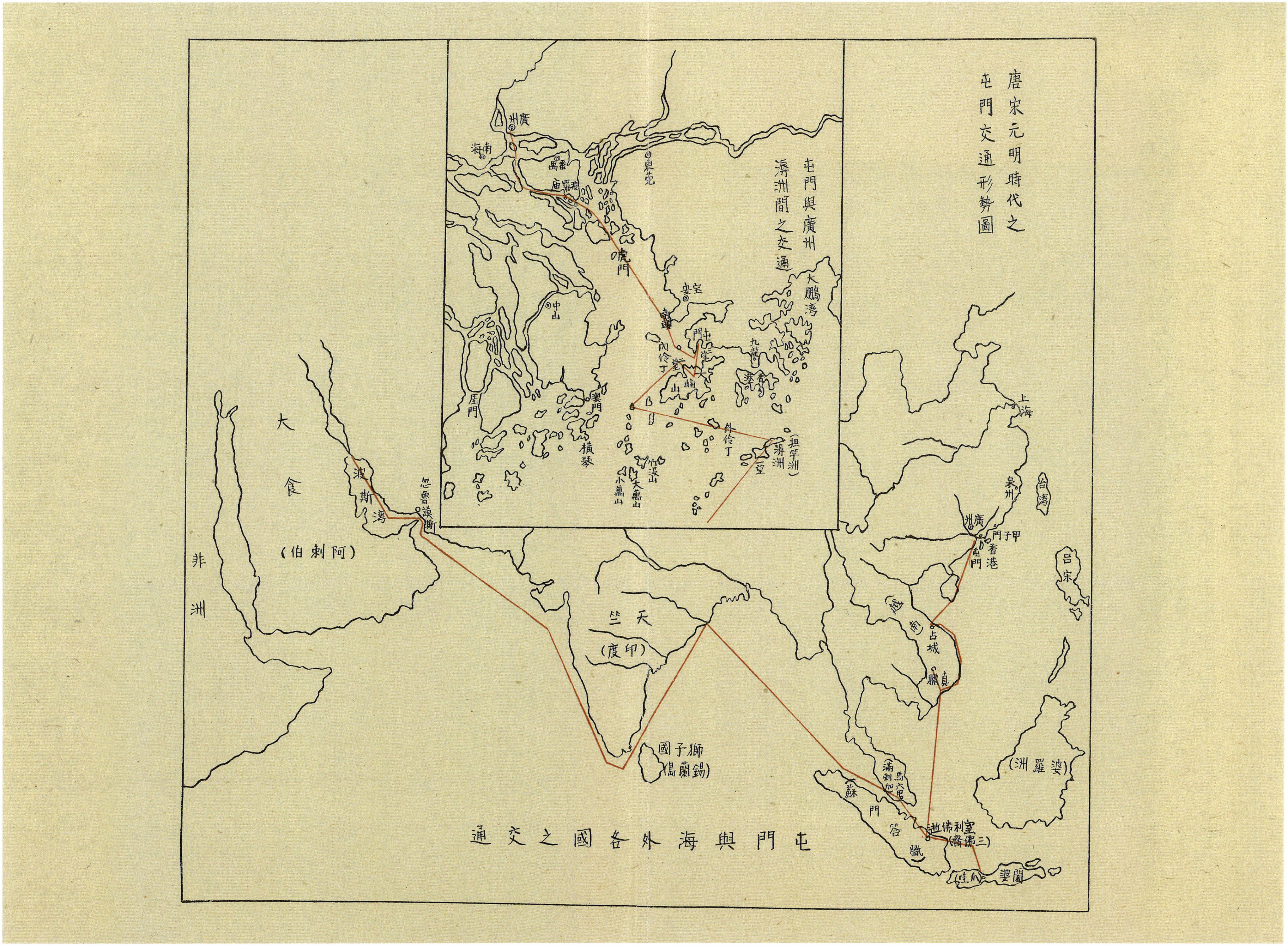

圖版八、唐宋元明時代之屯門交通形勢圖，見第二卷第二期，景印本頁 4-281

圖版八

唐代漢中通散關鳳翔驛道圖

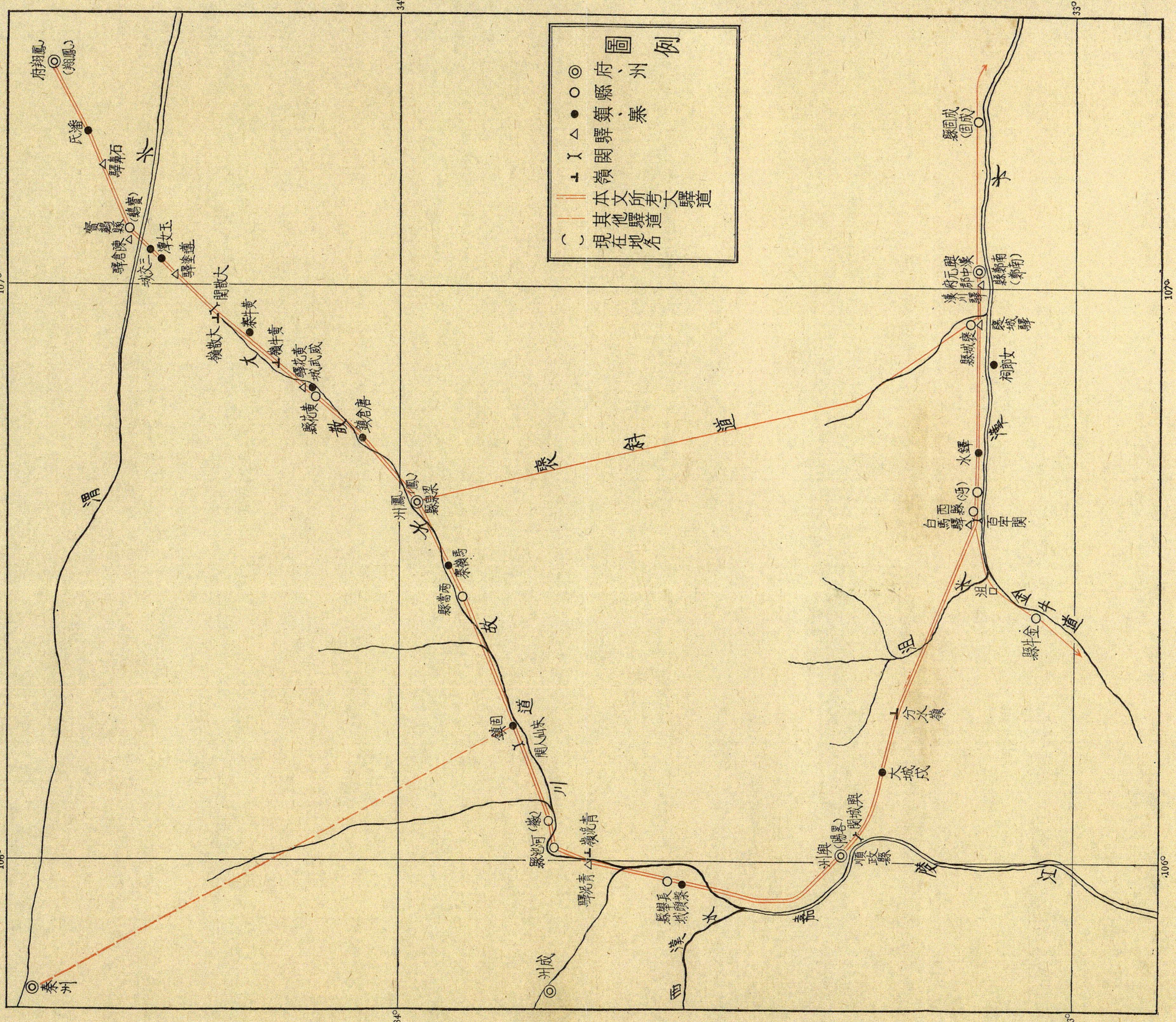

圖版九

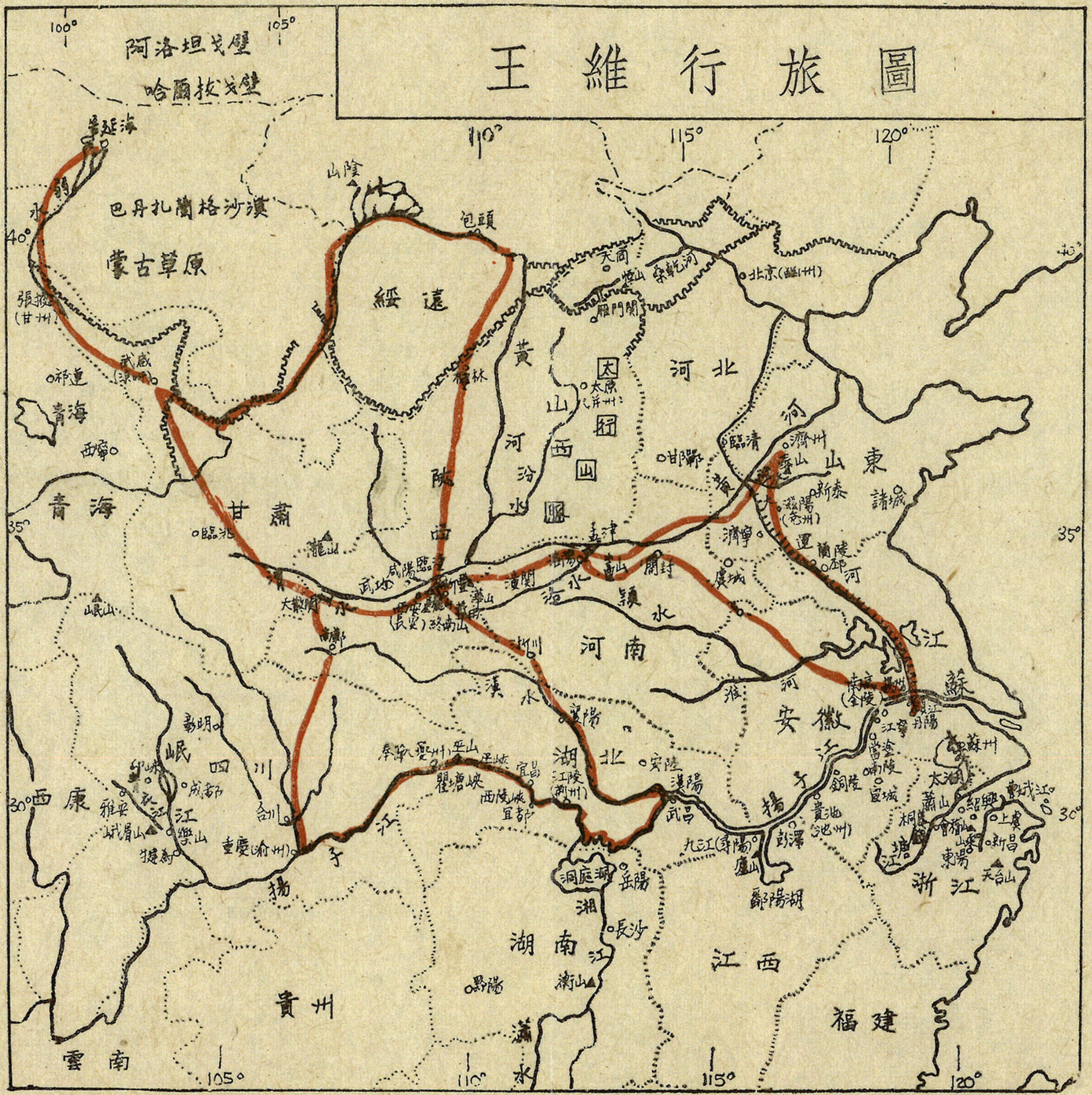

圖版十、王維行旅圖，見第九卷第一期，景印本頁 17-235

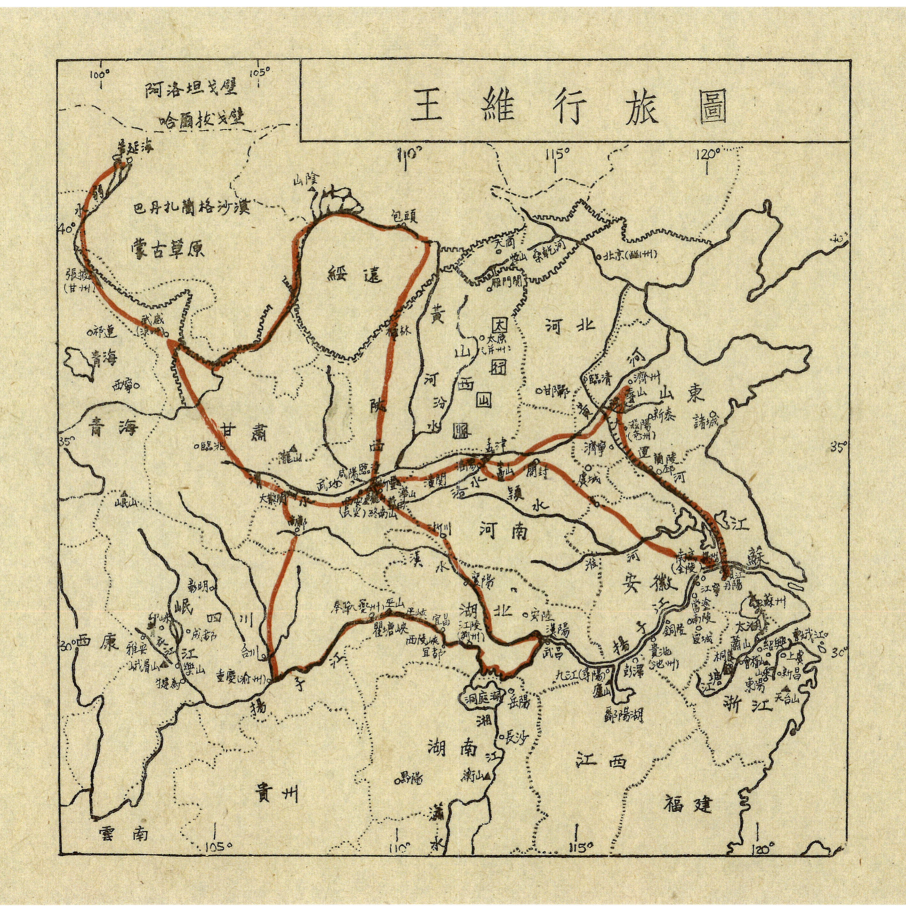

圖版十

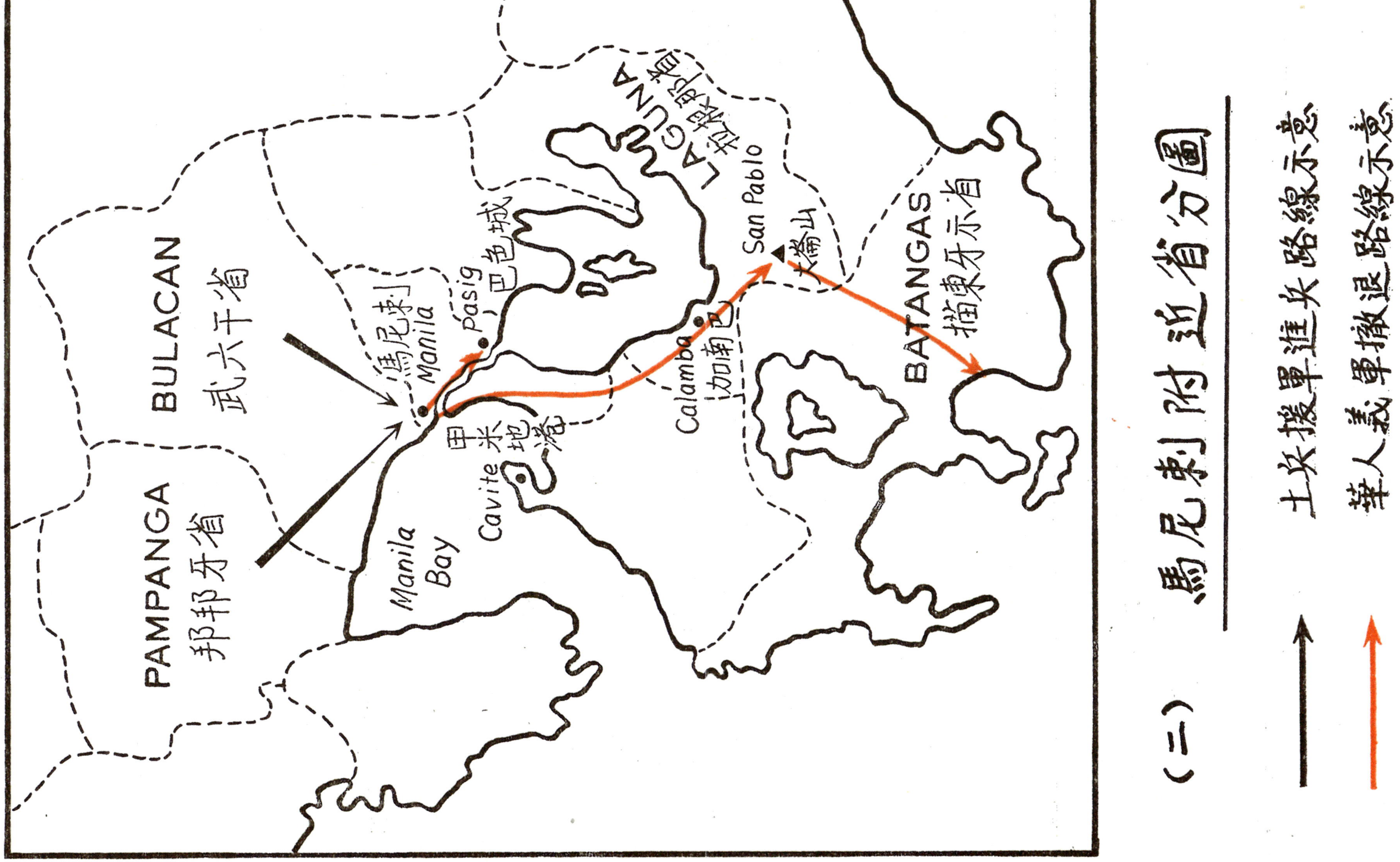
PAMPANGA
邦邦牙省
BULACAN
武六干省
馬尼剌
Manila
Pasig
巴息城
甲米地港
Cavite
Manila Bay
Calamba
加南巴
LAGUNA
San Pablo
大崙山
BATANGAS
土兵援軍進兵路線示意
華人義軍撤退路線示意

(二) 馬尼剌附近省分圖

圖版十一

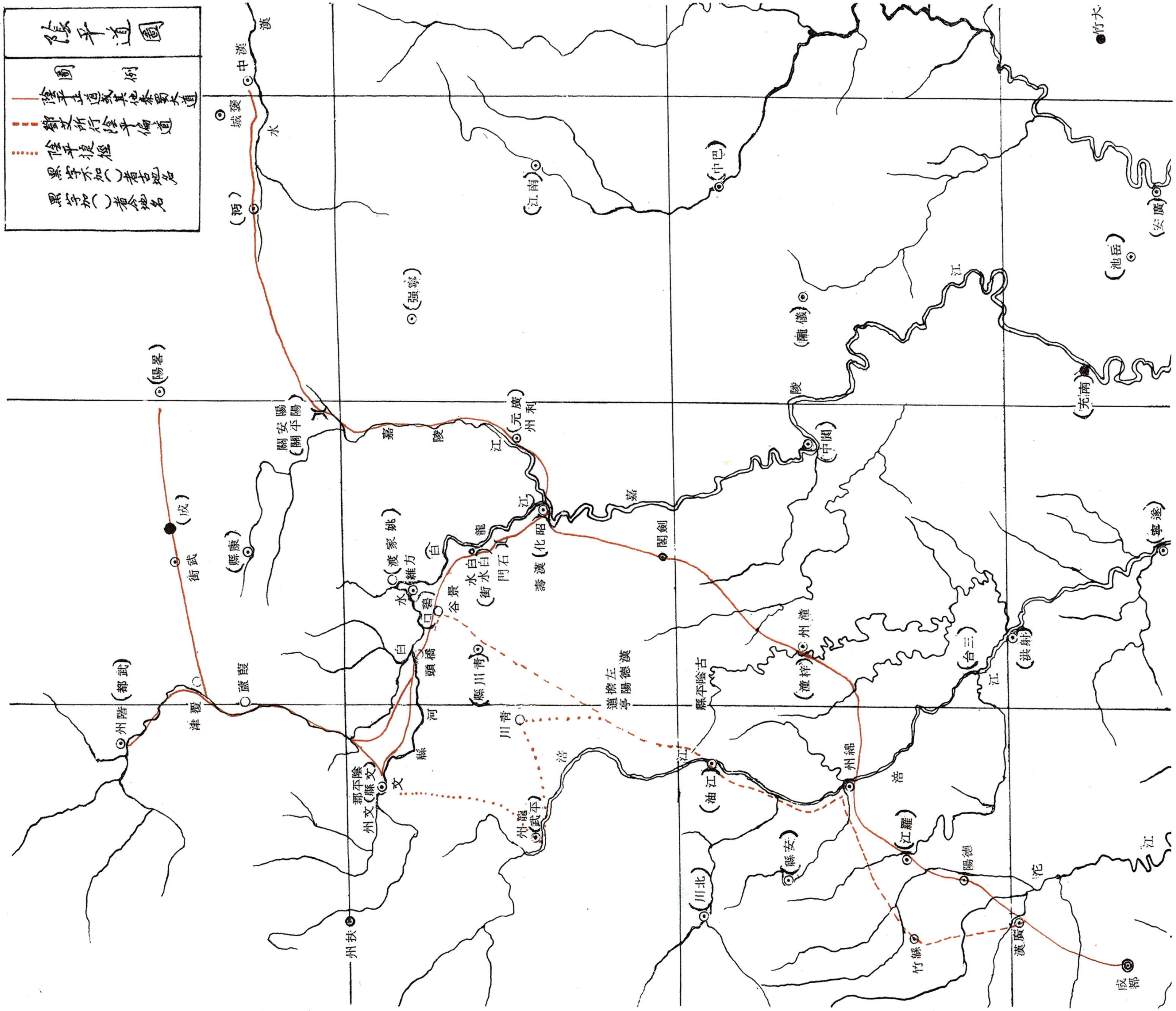

圖版十二、陰平道圖，見第九卷第二期，景印本頁 18-231

圖版十二

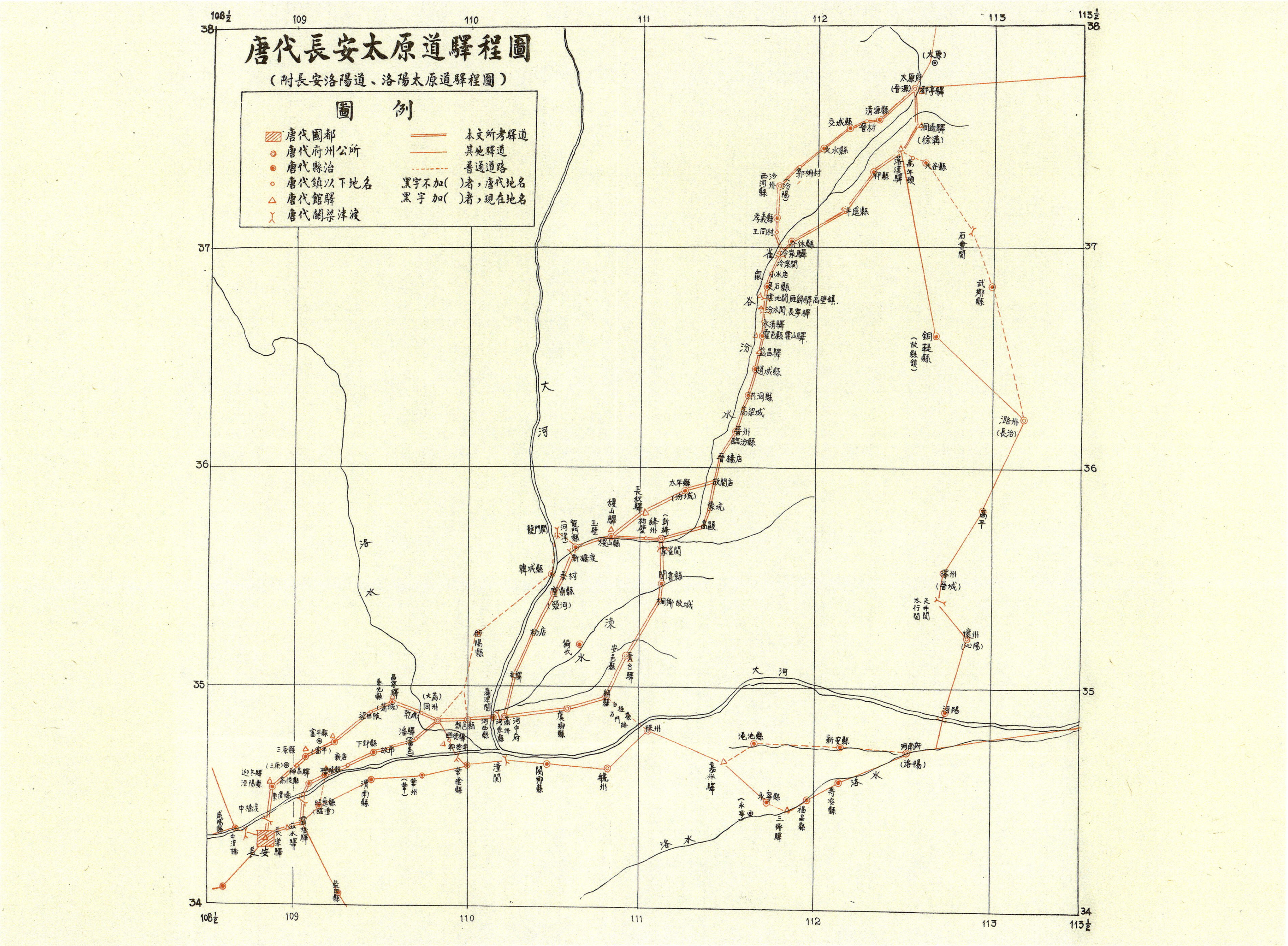

圖版十三、唐代長安太原道驛程圖，見第十卷第一期（上冊），景印本頁 19-51

圖版十三

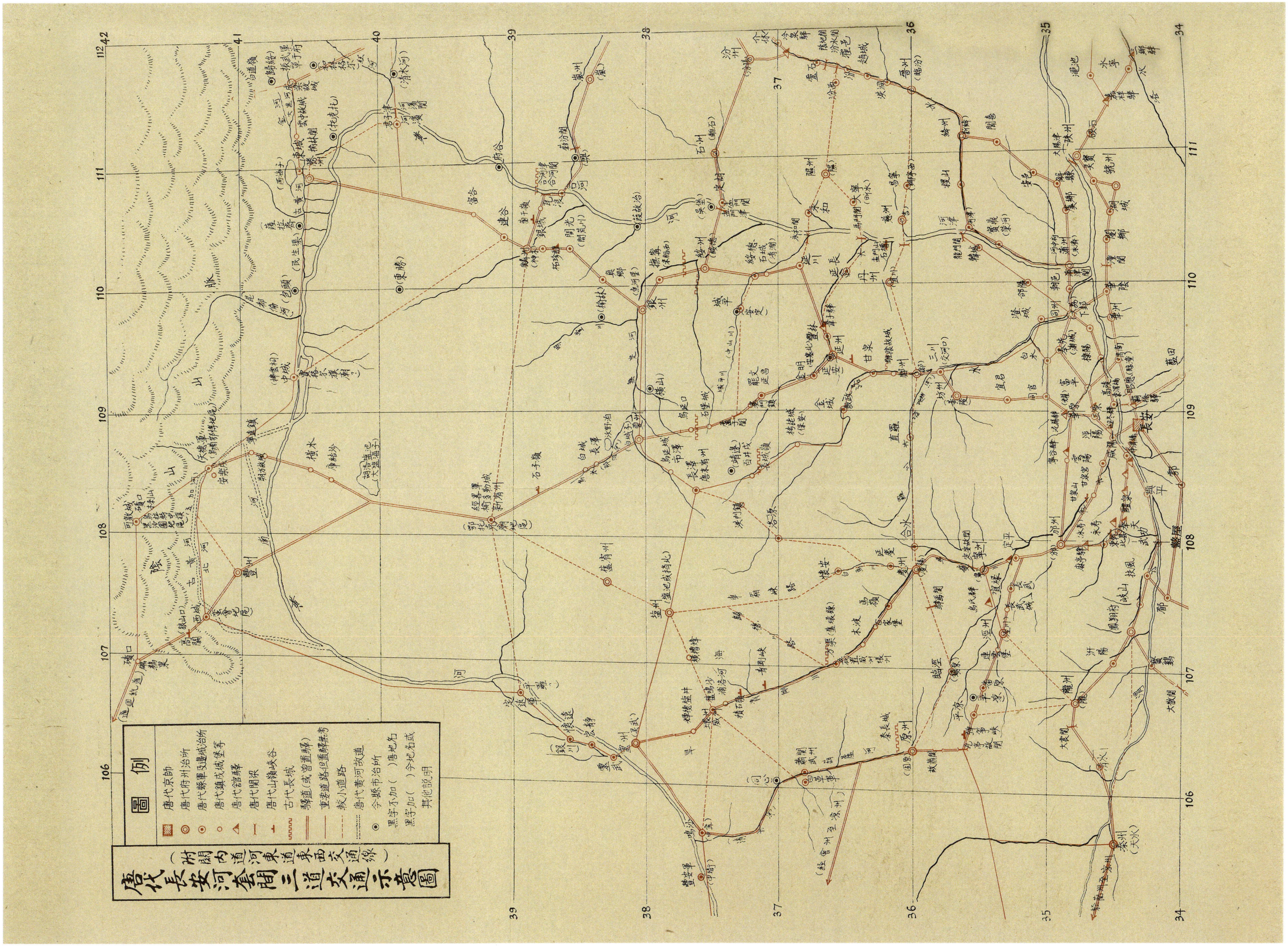
唐代長安河套間三道交通示意圖
（附關內道河東道東西交通線）
圖例
唐代京師
唐代府州治所
唐代縣軍及鎮戍治所
唐代鎮戍城堡寨
唐代館驛
唐代關梁
唐代山嶺峽谷
古代長城
驛道（或置驛）
重要道路（但置驛者）
較小道路
唐代黃河故道
今縣市治所
黑字不加（　）唐地名
黑字加（　）今地名
其他說明

圖版十四

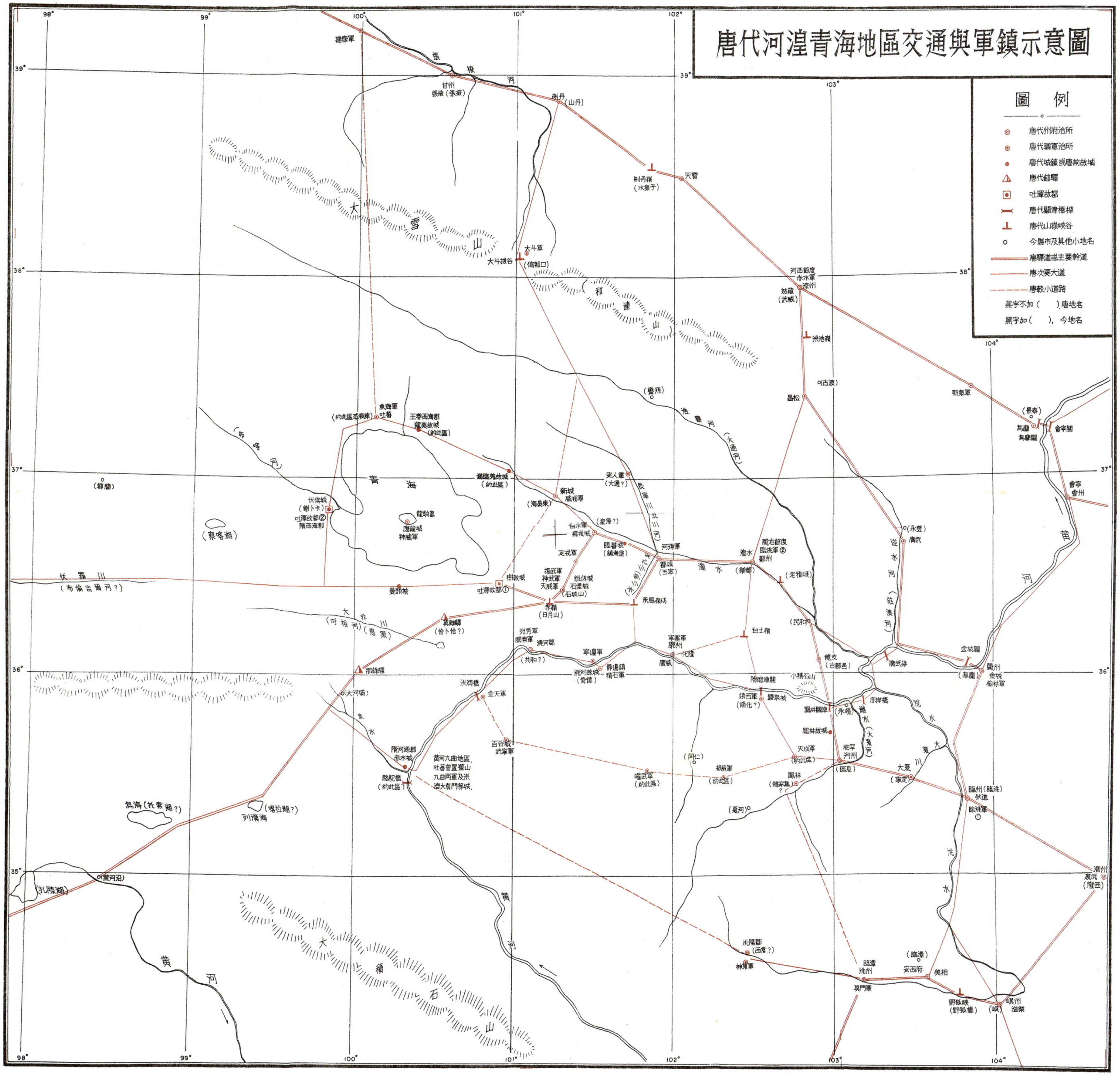

圖版十五、唐代河湟青海地區交通與軍鎮示意圖，見第十一卷，景印本頁 21-331

圖版十五

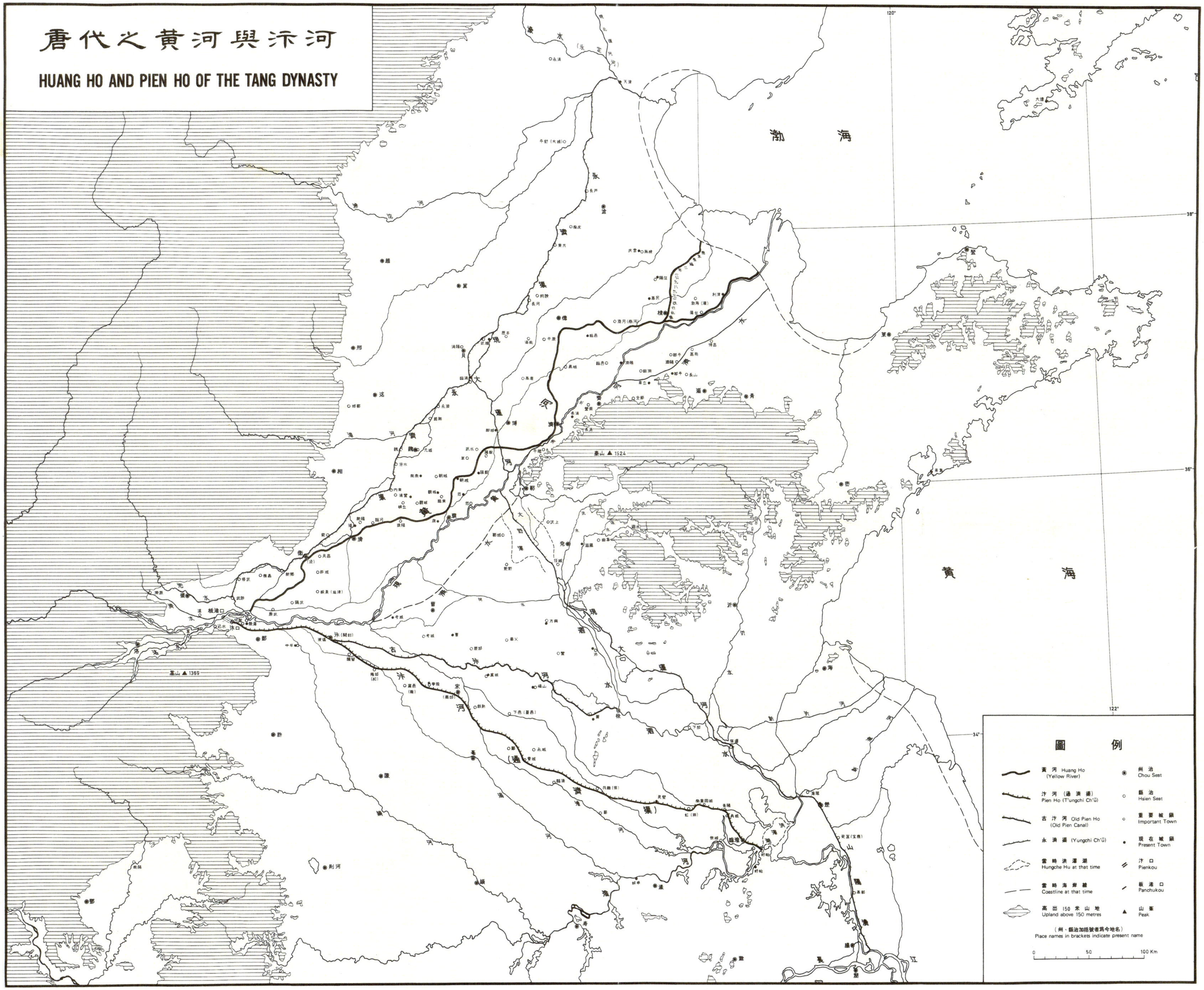

圖版十六、唐代之黃河與汴河，見第十一卷，景印本頁 21-455

圖版十六

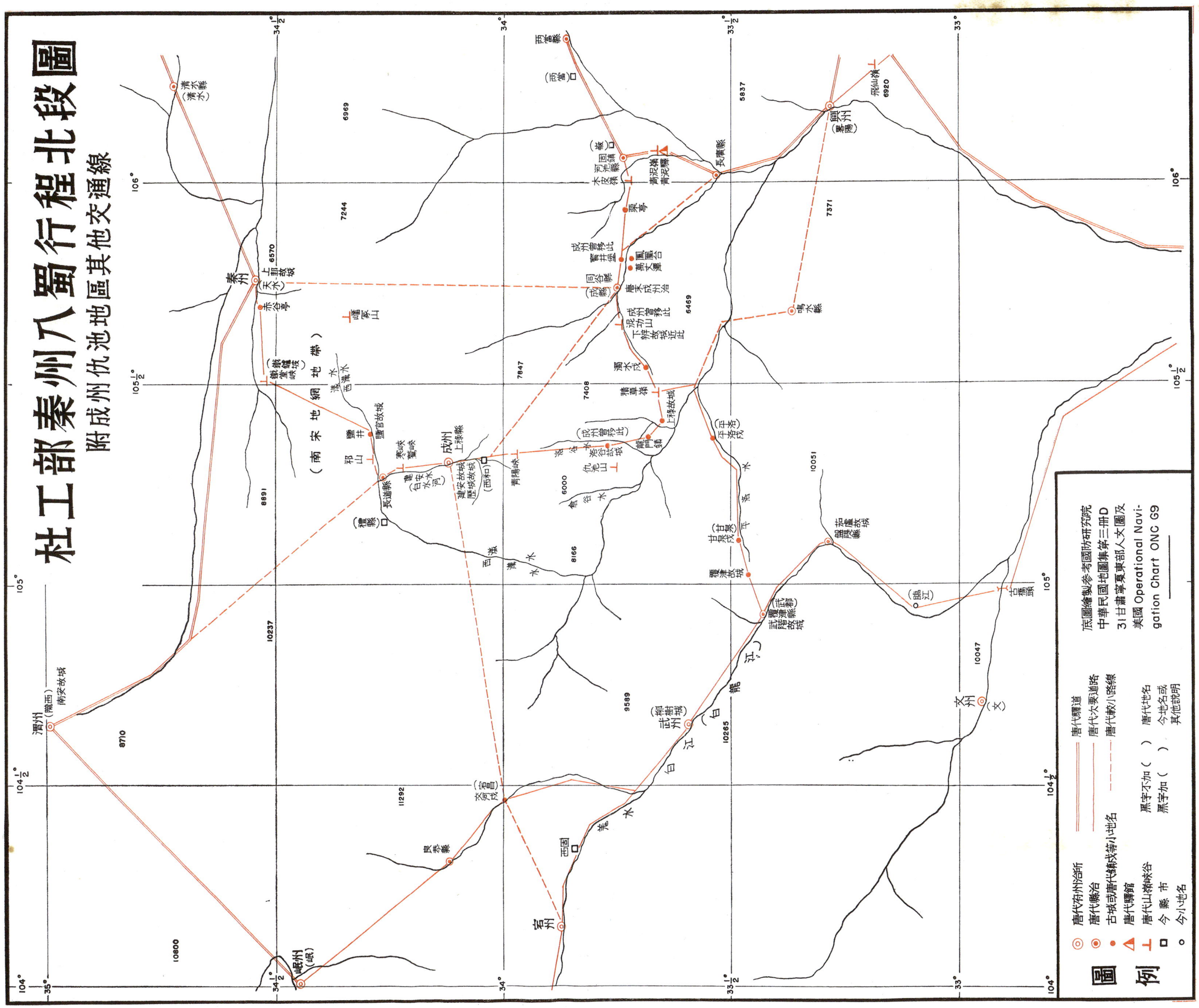

圖版十七、杜工部秦州入蜀行程北段圖，見第十一卷，景印本頁 21-615

圖版十七

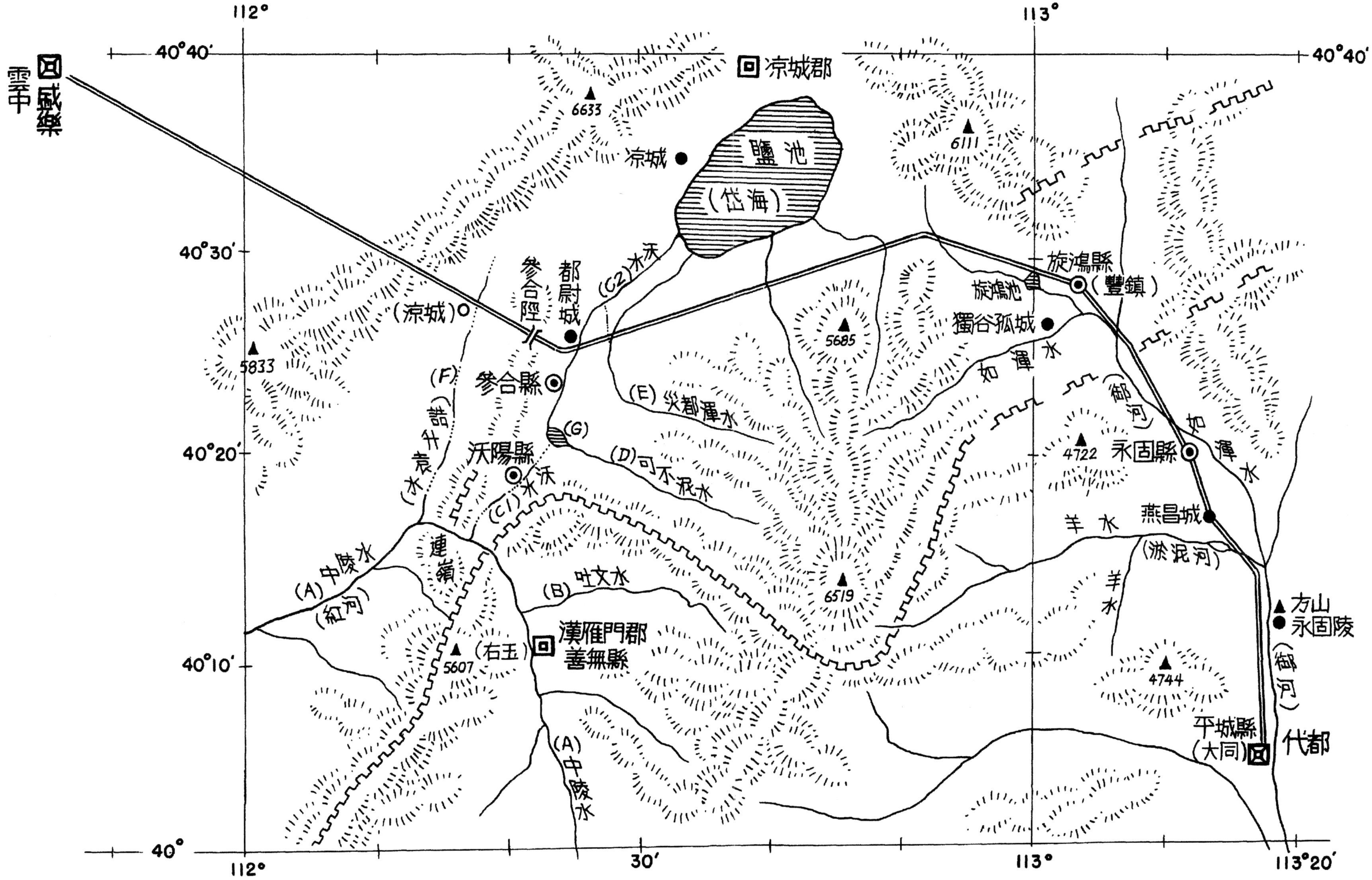
112°
113°
40°40′
40°40′
雲中
盛樂
涼城郡
6633
鹽池
(岱海)
涼城
6111
40°30′
參合陘
都尉城
(C2)沃水
旋鴻縣
旋鴻池
(豐鎮)
獨谷孤城
5685
(涼城)
5833
(F)
參合縣
(E)
如渾水
(G)
沃陽縣
(D)可不泥水
(御河)
如渾水
4722
永固縣
40°20′
(C1)沃水
羊水
燕昌城
連嶺
(A)中陵水
(紅河)
(淤泥河)
(B)吐文水
6519
羊水
方山
永固陵
漢雁門郡
善無縣
(右玉)
5607
40°10′
4744
(御河)
平城縣
(大同)
代都
(A)中陵水
40°
112°
30′
113°
113°20′

圖版十八

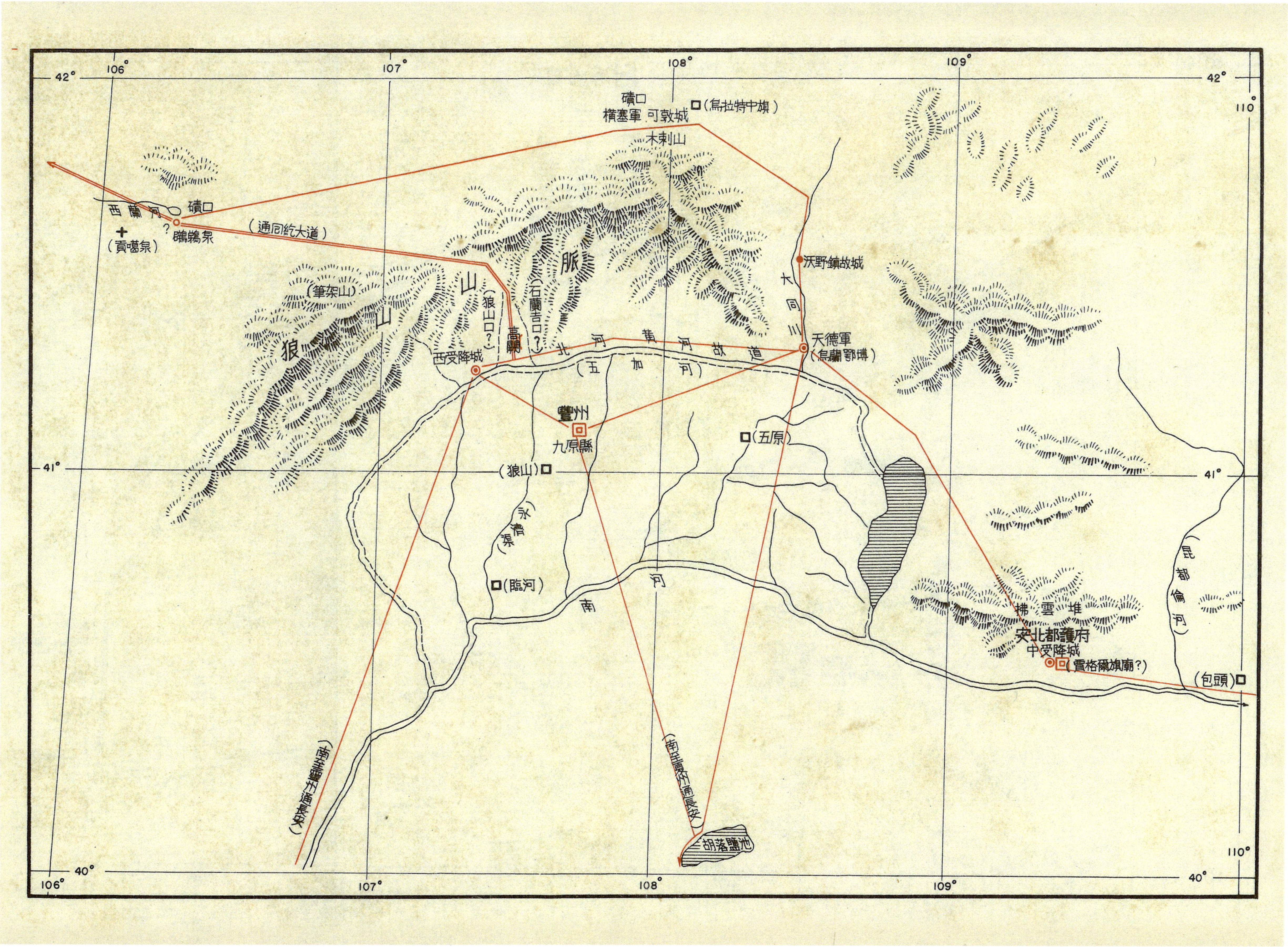
磧口
橫塞軍 可敦城
(烏拉特中旗)
木剌山
西 蘭 河
磧口
鷿鵜泉
(貢噶泉)
(通回紇大道)
沃野鎮故城
大同川
天德軍
(烏蘭鄂博)
(筆架山)
狼 山
山 脈
(狼山口?)
高闕
(石蘭吉口?)
西受降城
北 河 黃 河 故 道
(五 加 河)
豐州
九原縣
(五原)
(狼山)
永濟渠
(臨河)
南 河
拂 雲 堆
安北都護府
中受降城
(查格爾旗廟?)
(包頭)
昆都倫河
(南至豐州通長安)
(南至夏州通長安)
胡落鹽池

圖版十九

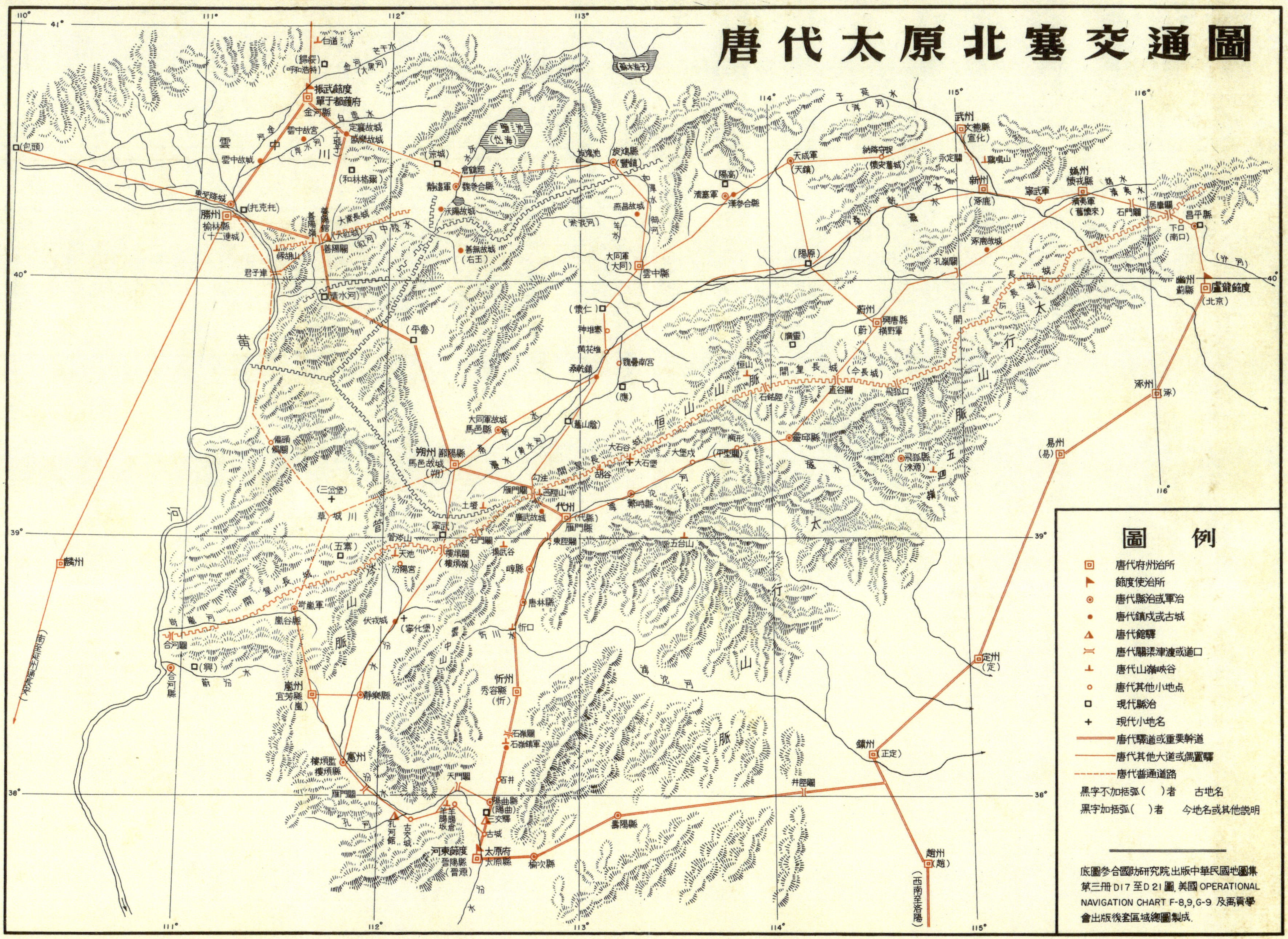

圖版二十、唐代太原北塞交通圖，見第十三卷，景印本頁 23-150

圖版二十

圖版二一、秦漢迄唐飛狐道圖，見第十四卷，景印本頁 24-131

圖版二一

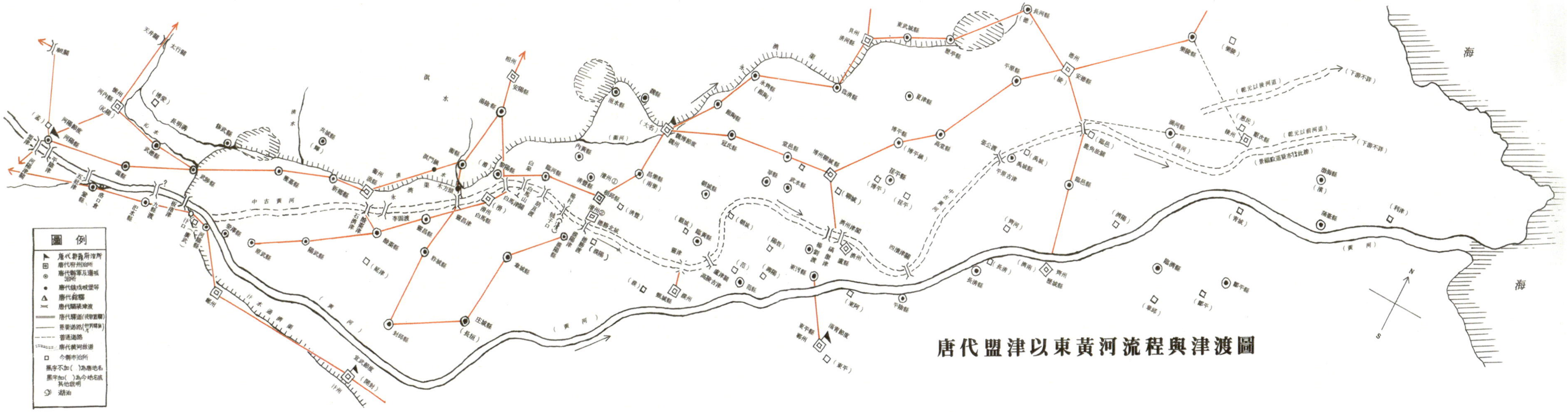

唐代盟津以東黃河流程與津渡圖

圖版二二

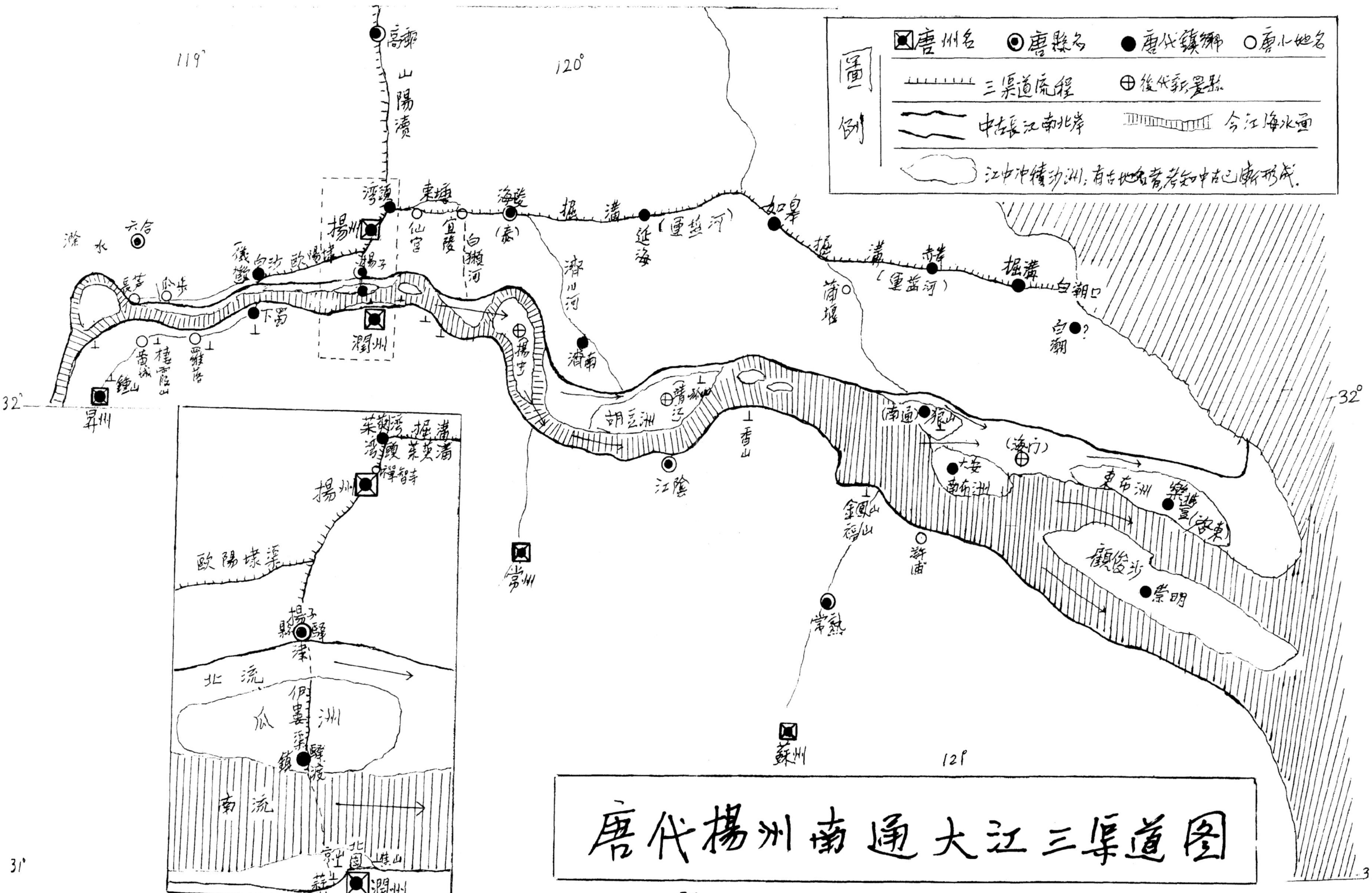

唐代揚州南通大江三渠道圖

51

圖版二三